D1755779

Dr. Petra Fohrmann studierte Theater-, Film- und Fernsehwissenschaft an der Universität zu Köln und wurde an der Hochschule für Film und Fernsehen in Potsdam promoviert. Seit 1984 ist sie für verschiedene internationale Medienunternehmen tätig. 2005 hat sie ihren eigenen Verlag gegründet und lebt bei Bonn und in Berlin.

*f*ür BRUNO

Indianisches Horoskop:
Braunbär: 23. August bis 22. September.
Intelligent, praktisch veranlagt, aber mit einem Hang, seine Kräfte
gelegentlich zu missbrauchen.

"Herr Bruno is having a picnic, but he's no Teddy Bear."
New York Times

Impressum

Unter www.nicolai-verlag.de können Sie unseren Newsletter abonnieren, der Sie über das Programm und aktuelle Neuerscheinungen des Nicolai Verlags informiert.

1. Auflage
© 2006 für die Lizenzausgabe:
Nicolaische Verlagsbuchhandlung GmbH, Berlin

Lizenzausgabe mit Genehmigung des Fohrmann Verlags, Swisttal
© 2006 Fohrmann Verlag, Swisttal
www.fohrmann-verlag.de

Alle Rechte vorbehalten. Nachdruck, auch auszugsweise, sowie Verbreitung durch Film, Funk und Fernsehen durch fotomechanische Wiedergabe, Tonträger und Datenverarbeitungssysteme jeder Art nur mit schriftlicher Genehmigung des Verlages.

Umschlaggestaltung und Layout:
co-d

Druck und Bindung:
Printec Offset, Kassel

Printed in Germany

ISBN 13: 978-3-89479-255-8
ISBN 10: 3-89479-255-8

Petra Fohrmann

Bruno alias JJ1
Reisetagebuch eines Bären

Intro

Bruno alias JJ1 hat über Wochen die Menschen in seinen Bann gezogen. Er kam aus dem Trentino und trieb sein Unwesen im deutsch-österreichischen Grenzgebiet. Unwesen, weil er sich nicht artgerecht verhielt und seine Nahrung lieber in Ställen und auf Weiden suchte als im Wald. Schnell fand man heraus, dass Bruno aus einer Problemfamilie stammt, in der ihm dieses Verhalten von der Mutter beigebracht wurde. Das führte zu der Bezeichnung „Problembär". Ein Risikobär wurde er, weil er sich auf seinen nächtlichen Streifzügen zu oft in der Nähe der Menschen aufhielt und für sie so zur Gefahr wurde. Alle Versuche, ihn lebend zu fangen, schlugen fehl. Am Ende entschieden sich die Behörden für den Abschuss des zweijährigen Braunbären.

Mai 2006

Ich habe schon seit längerem beschlossen, Mama Jurka und Papa Joze zu verlassen. Ich will mein Glück in der großen weiten Welt suchen und dieser norditalienischen Provinz Trentino den Rücken zukehren. Mama hat mir eine Menge beigebracht. Ich bin Weltmeister im Mülltonnenumkippen, und kleine Hühnerställe kann ich auch schon ganz gut aufbrechen. Ich weiß auch, dass man bei den Menschen niemals an den gleichen Ort zurückgehen darf. Einmal haben die auf Mama und mich mit kleinen Gummikugeln geschossen, als wir die Reste vom Vortag auffuttern wollten. Das hat ganz schön wehgetan. Papa kümmert sich eh nicht um mich, der wird wahrscheinlich gar nicht merken, wenn ich nicht mehr da bin. Mein Zwillingsbruder JJ2 kann ja nachkommen, wenn er will. Mama wird mir sicher fehlen, aber ich muss jetzt endlich auf eigenen Tatzen stehen und die Welt erobern. Schließlich bin ich schon zwei Jahre alt und ganz schön kräftig und mutig. Darum werde ich auch ganz, ganz weit weggehen. Immer nach Norden, so wie unsere Vorfahren. Von denen hat mir Mama viele spannende Geschichten erzählt.

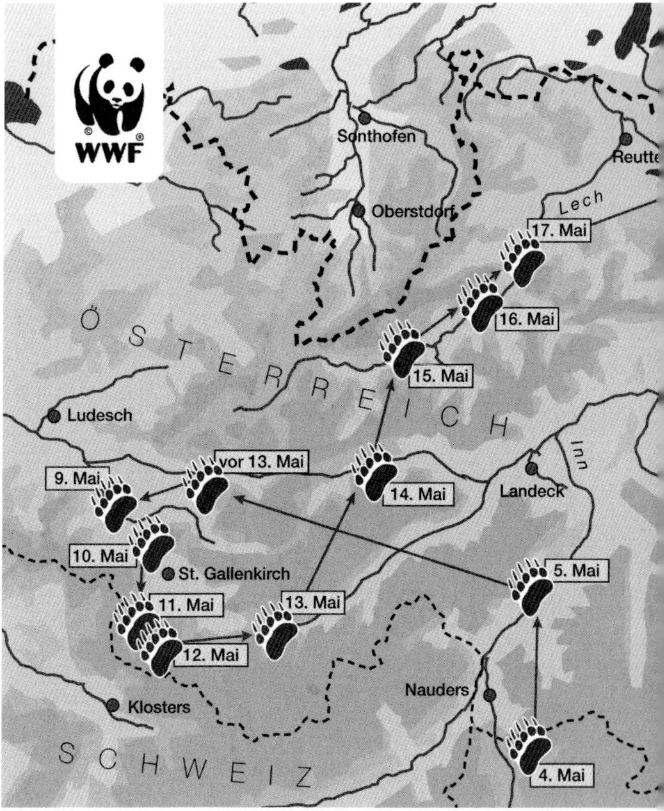
WWF
Sonthofen
Reutte
Oberstdorf
Lech
17. Mai
16. Mai
15. Mai
ÖSTERREICH
Ludesch
Inn
vor 13. Mai
14. Mai
Landeck
9. Mai
10. Mai
St. Gallenkirch
5. Mai
11. Mai
13. Mai
12. Mai
Nauders
Klosters
SCHWEIZ
4. Mai

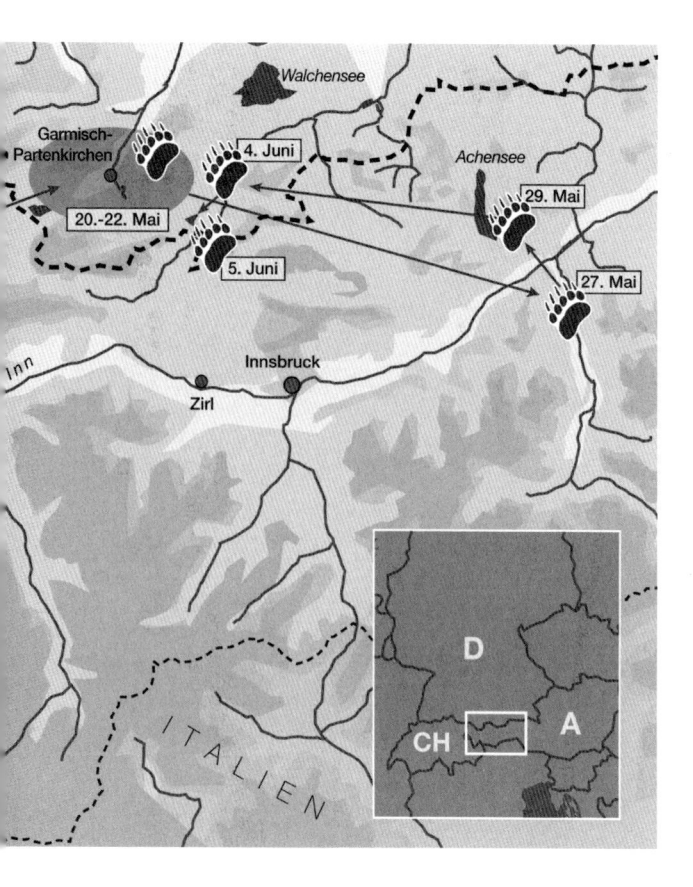

Bruno wanderte fast acht Wochen durch das deutsch-österreichische Grenzgebiet. Das erste Mal wurde er am 4. Mai in Reschen gesichtet. Am 26. Juni hat man ihn oberhalb des Spitzingsees erschossen. © WWF

Donnerstag, 4. Mai
Reschen

Der Bär ist los

Offenbar ist ein frei lebender Bär beim Grenzort zu Österreich in einen Hühnerstall eingedrungen. Erste Verhaltungsregeln bei einer möglichen Begegnung mit einem Bären in freier Wildbahn sind plötzlich wieder gefragt. Erstens sollen zur Vorbeugung keine Futtermittel und keine für den Bären interessanten organischen Abfälle wie Hausmüll im Freien gelagert werden. Zweitens ist es ratsam, sich im sehr unwahrscheinlichen Fall eines Zusammentreffens möglichst ruhig zu verhalten, aber durchaus auf sich aufmerksam zu machen. Sollte der Bär wider Erwarten doch angreifen, wird drittens geraten, sich bäuchlings hinzulegen und die Hände im Nacken zu verschränken. Auf der Internetseite des WWF finden sich darüber hinaus genaue Verhaltensregeln für Camper, Mountainbiker, Angler, Jogger, aber auch für Landwirte, Imker, Jäger, Förster und Waldarbeiter.

4. Mai 2006

Nun bin ich schon so viele Tage unterwegs und keiner Menschenseele begegnet. Die Luftveränderung und die Wanderei machen ganz schön hungrig. Aber das langweilige Grünfutter im Wald macht auch nicht immer glücklich. Hier sieht die Landschaft plötzlich wieder ganz anders aus. Heute bin ich an einem riesigen See entlanggewandert. Mittendrin ragte plötzlich ein Kirchturm aus dem Wasser. Ob hier wohl ein ganzes Dorf versunken liegt? Vielleicht haben es die Menschen auch absichtlich untergehen lassen, damit sie einen schönen Badesee haben. Die machen ja manchmal die dollsten Sachen mit der Natur. Jedenfalls habe ich mich zum ersten Mal allein in die Nähe der Häuser getraut, die am Ufer standen. Mein Näschen hat mich direkt zu einem Hühnerstall geführt, der sich kinderleicht öffnen ließ. Hühner gehören mit zu meinen Lieblingsgerichten, wenn da nur nicht die vielen Federn wären. Außerdem hört man ja so allerhand von einer Vogelgrippe. Hoffentlich habe ich mich jetzt nicht angesteckt. Das wäre ja schrecklich.

Freitag, 5. Mai
Oberinntal / Tösens
Erste Meldung beim Bärenwart

Ein Braunbär wird gegen 22 Uhr in der Ortsnähe von Tösens gesichtet. Beim österreichischen Bärenexperten und Bärenwart Jörg Rauer geht an diesem Tag die erste Meldung ein. In Österreich gibt es zurzeit drei Bärenanwälte. Ihre Hauptaufgabe besteht darin, die Akzeptanz der Menschen für die in Österreich angesiedelten Bären zu fördern. Sie sind die ersten Ansprechpartner für die lokale Bevölkerung, wenn es um Braunbären geht. Sie kennen sich ausgezeichnet mit Bären aus und studieren ihr Verhalten. Mit Hilfe von analysierten Fellhaaren und Losungen werden Stammbäume aufgestellt und die Routen der Bären erkundet. Dies ist wichtig, um ihnen die Wege möglichst freizuhalten.

5. Mai 2006

Mama ist mit mir öfter in die Nähe von Häusern gegangen, in denen Menschen wohnen. Dort gibt es immer was zu futtern. Aber so ganz allein traue ich mich nicht so recht, obwohl beim letzten Versuch alles gut geklappt hat. Zum Glück begegnet man nachts kaum einem Menschen. Selbst dort, wo sie wohnen, herrscht nachts absolute Ruhe. Ich komme jetzt immer häufiger an solchen Siedlungen vorbei, aus denen mir die tollsten Düfte entgegenströmen. Im Wald gibt es ja genug zu futtern, aber ab und zu habe ich auch Appetit auf einen Sonntagsbraten.

Samstag, 6. Mai
Galgenul / St. Gallenkirch

Ein Futterdieb

Förster stellen fest, dass einige Futterstellen im Wald durch ein großes Tier beschädigt und geplündert worden sind. Frische Spuren weisen auf den Bären hin, der sich im Gebiet aufhalten soll. Es ist davon auszugehen, dass der Bär die Futterplätze im Wald regelmäßig aufsuchen wird, da er sich sehr schnell an diese bequeme Art der Nahrungsbeschaffung gewöhnt. In Gegenden, in denen Bären leben, werden aus diesem Grund prinzipiell keine Futterstellen oder Luderplätze mit Aas eingerichtet. Bären sollen auch von Jägern niemals angefüttert werden. Noch ist nicht bekannt, ob der Bär vielleicht aus dem Wiederansiedlungs-Projekt in der Ötscher-Region stammt, da es bisher noch keinem Tier gelungen ist, die Schneise der Brennerautobahn zu überwinden.

6. Mai 2006

Die Gegend gefällt mir. Da muss man sich die kleinen Häppchen nicht mühsam zusammensuchen. Hier gibt es gut gefüllte Futterkrippen mit Selbstbedienung für alle Tiere im Wald. Da lasse ich mich nicht lange bitten. Auch wenn danach für die anderen nicht mehr viel übrig bleibt.

7. Mai 2006

Pilze, Gras und Wurzeln! Verhungern muss man hier nicht, aber ein bisschen Fleisch oder Fisch wären auch nicht zu verachten. So etwas findet man leider nicht an den Futterplätzen im Wald. Mama hätte mir schon längst ein ordentliches Stück Fleisch besorgt.

8. Mai 2006

Vogeleier und ab und zu mal eine tote Maus. Das ist schon ganz lecker, aber hier steigen mir noch ganz andere verlockende Düfte in die Nase.

9. Mai 2006

Die Beeren sind jedenfalls noch nicht reif! Morgen hole ich mir ein Stück Fleisch! Ich weiß auch schon, wo. Heute habe ich eine interessante Witterung aufgenommen.

Mittwoch, 10. Mai
Galgenul / St. Gallenkirch
Gefährlicher Grenzgänger

Ein Braunbär, der seit einigen Tagen durch das deutsch-österreichische Grenzgebiet streift, ist in der Nacht auf Mittwoch mitten in einer Wohnsiedlung in einen Stall eingebrochen. Dort riss er ein Schaf und verletzte weitere Tiere. Zwei von ihnen mussten später aufgrund ihrer schweren Verletzungen notgeschlachtet werden. Von den in Österreich seit 1989 angesiedelten Bären lassen sich nur ganz selten welche in der Nähe der Menschen blicken. Am 30. April 2006 wurde Bär Moritz in der Nähe des Fuschlsees gesichtet. Probleme hat er bislang aber nicht gemacht. Bären gelten als menschenscheu. Dank ihres ausgezeichneten Geruchs- und Gehörsinns wittern sie den Menschen rechtzeitig und gehen ihm aus dem Weg.

10. Mai 2006

Endlich habe ich mich wieder mal getraut. Mama wäre stolz auf mich. Ich konnte es einfach nicht mehr aushalten. Der Geruch von Schafen hat mich schon die ganze Zeit verfolgt. Bären haben eben eine gute Nase! Sie zu finden, war gar kein Problem. Man muss sich nur in die Nähe der Menschen trauen. Der Rest ist ein Kinderspiel. Der Stall ließ sich ganz leicht aufbrechen. Da drinnen hat es von Schafen nur so gewimmelt. Ich wusste gar nicht, wo ich zuerst hinlaufen soll. Da ging alles drunter und drüber! Ich war heilfroh, als ich wieder draußen war. Dieser Lärm und diese Enge im Stall sind einfach schrecklich. Danach bin ich so schnell ich konnte in den Wald gelaufen, wo ich wieder meine Ruhe hatte.

Donnerstag, 11. Mai
Gargellen
Wenig menschenscheu
In der Nacht auf Donnerstag ist der Bär erneut am Ortsrand in einen Schafstall eingedrungen und hat einen Zuchtwidder getötet. Wenig später bricht er noch einmal in einen leeren Schweinestall ein, der 15 Meter neben einem Wohnhaus in Vergalda liegt. Dort leert er ein Plastikfass mit Speiseresten. Seitdem der erste Braunbär in Österreich angesiedelt wurde, ist es noch nie zu einer wirklich bedrohlichen Situation für den Menschen gekommen. Auch dieser Bär ist bislang in keiner Weise aggressiv aufgetreten. Da er nachtaktiv ist, rechnet er auch dann nicht mit Menschen, wenn er sich in der Nähe ihrer Häuser aufhält. Für die Tierschützer ist die Unterstützung der Bevölkerung für die Ansiedlung der Braunbären sehr wichtig. Noch ist das Ziel, eine stabile Population von 50 Bären zu haben, nicht erreicht. Ohne die Akzeptanz der Menschen ist dieses Projekt zum Scheitern verurteilt.

11. Mai 2006

Heute Nacht habe ich wieder eine interessante Witterung aufgenommen. Allerdings war die Sache diesmal gar nicht so ungefährlich. Nicht wegen der Menschen. Die scheinen nachts tief und fest zu schlafen. Vielmehr hatte eines der Tiere ganz schön große Hörner. Aus einem anderen Stall hat es nach Schwein gerochen. Erst dachte ich, dass die Tiere schlafen, weil ich gar keinen Mucks von ihnen gehört habe. Aber dann war der Stall leer. Da stand nur eine große Tonne mit Abfällen. Unglaublich, was die Menschen so alles wegwerfen. Davon hätte eine ganze Bärenfamilie satt werden können. Zum Glück kann ich Essensreste auch dann noch gut riechen, wenn sie in Plastik- oder Holztonnen versteckt sind.

Freitag, 12. Mai
Gargellen
Bärenspielplatz

In der Nacht auf Freitag wagte sich der Bär, der von der Bevölkerung inzwischen Bruno genannt wird, erneut in die Nähe eines Hofes. Dort hat er einige der gelagerten Siloballen zerstört. Nicht unweit von diesem Tatort wurde im Wald ein Schaden an einer Wildfütterung gemeldet. Auch hier steht der Bär im Verdacht. Obwohl der Bär auf der roten Liste der vom Aussterben bedrohten Tiere steht, kann er sich nicht in absoluter Sicherheit wiegen. Sollten sich derartige Vorfälle häufen, könnte es diesem Braunbären so ergehen wie seinem Artgenossen, der 1994 vorsorglich aus Sicherheitsgründen erschossen wurde.

12. Mai 2006

Heute habe ich einen vegetarischen Tag eingelegt. Zu viel Fleisch ist auch nicht gut für die Gesundheit, hat Mama mir beigebracht. Außerdem ist das Räubern auch ganz schön aufregend für einen kleinen Bären wie mich. Dagegen hat das Herumtollen zwischen den großen Getreideballen richtig Spaß gemacht. Schade, dass mein Bruder JJ2 nicht dabei sein konnte. Anschließend habe ich mir dann im Wald ein schönes Schlafplätzchen gesucht und zufällig noch eine Futterstelle entdeckt. Für das Betthupferl war also auch gesorgt. Ich lege mich nachts immer ins ganz dicht zugewachsene Unterholz, damit mich niemand sieht. Außerdem ist es tagsüber nicht so hell und ich kann schön schlafen.

Samstag, 13. Mai
Zeinisjoch / Nähe Kop-Stausee / Galtür im Tiroler Paznauntal

Bärenstarke Entdeckung

Ein Jäger hat gegen 6 Uhr in der Frühe auf der Vorarlberger Seite einen Bären in 240 Meter Entfernung vorbeiwandern sehen. Für einen Jäger ist das Verfolgen einer Bärenspur sehr gefährlich, wenn er keine speziellen Erfahrungen mit diesem Tier hat. Zwar kann ein mitgeführter Hund den Bären anzeigen, aber er könnte den Bären durch sein aggressives Verhalten auch reizen. Ein unerfahrener Jäger sollte auch niemals auf einen Bären schießen, da unter Stress mit einem Fehlschluss zu rechnen ist. Ein angeschossener Bär ist unberechenbar und könnte zum Angriff übergehen. Darum wird den Jägern geraten, sofort den Wildhüter zu verständigen. Der Bär gilt als sehr mobil. Er kann in der Nacht 20 bis 50 Kilometer zurücklegen und dabei eine Geschwindigkeit von 50 Stundenkilometern erreichen.

13. Mai 2006

Heute bin ich die ganze Nacht umhergewandert. Als es hell wurde, kam mir tatsächlich im Wald ein Mensch mit einem Hund entgegen. Zum Glück war der noch ganz weit weg und ich habe ihn rechtzeitig gerochen. Danach bin ich ganz schnell ins dichte Unterholz gelaufen, damit sie mich nicht finden. Plötzlich war ich wieder hellwach und konnte vor lauter Aufregung gar nicht einschlafen. Dabei habe ich viel an meine Familie daheim im Trentino gedacht. Ich glaube, ich bin jetzt schon ganz schön weit weg von dort. Aber bereut habe ich meine Wanderung noch nicht. Im Grunde bin ich so etwas wie ein Pionier für die Generation, die mir noch folgen wird.

Sonntag, 14. Mai
St. Anton

Bär im Nobelort

In der Nähe von St. Anton ist ein totes, angefressenes Schaf gefunden worden. Die Verletzungen am Kadaver sind nicht typisch für einen Bären-Riss. Ein Bärenschaden ist aber trotzdem möglich. Die in Österreich angesiedelten Braunbären haben im Laufe der Jahre immer wieder Schäden angerichtet. Zwischen 1990 und 2004 beliefen sich die dadurch entstandenen Kosten pro Jahr auf 12.700 Euro. Auf das Konto der 20 Bären gingen beispielsweise im vergangenen Jahr 40 Schafe. Dies wird als unauffällig und normal eingestuft. Bruno könnte diese Bilanz jedoch kräftig nach oben treiben, wenn er so weitermacht. Der Braunbär der Alpen wurde im vergangenen Jahr von der Schutzgemeinschaft Deutsches Wild als Wildtier des Jahres gekrönt.

14. Mai 2006

Hier wimmelt es tagsüber nur so von Menschen und ich muss aufpassen, dass sie mich nicht entdecken. Sie laufen kreuz und quer durch den Wald und haben dicke Rucksäcke auf dem Rücken, damit sie unterwegs auch immer was zu essen haben. Manchmal lassen sie auch ein paar Reste im Wald liegen. Die kann ich dann nachts in aller Ruhe aufessen, wenn ich mich wieder aus dem Dickicht herauswage. Das Papier mag ich allerdings nicht. Merkwürdig, was die Menschen so alles im Wald liegen lassen. Gestern habe ich einen Kanister mit Öl gefunden. Er lag neben ein paar abgeholzten Bäumen. Hat ganz lecker geschmeckt. Aber das Öl klebt immer noch in meinem Fell. Da kann ich putzen, soviel ich will.

Montag, 15. Mai
Lechtal / Holzgau

Wanted!

Um die Identität des im deutsch-österreichischen Grenzgebiet herumstreunenden Bären zu klären, wurden aufgesammelte Losungs- und Haarproben zur DNA-Analyse ins Labor für molekulare Systematik des Naturhistorischen Museums Wien gebracht. Es wird mittlerweile vermutet, dass der Bär aus einem Wiederansiedlungsprojekt im Trentino stammt. Dann wäre er einer der Zwillingsbären, die von den Bäreneltern Jurka und Joze stammen. Der zweitgeborene JJ2 ist schon über ein Jahr auf der Wanderschaft. Die DNA-Analyse wird zeigen, ob diese Vermutung richtig ist. Der Bär wurde unterdessen am Montagabend noch im Hellen im Lechtal bei Holzgau gesichtet. Dort lief er an einem Gartenzaun entlang und überquerte am Ortseingang die Straße. Gegen 20:30 Uhr verschwand er wieder im Wald.

15. Mai 2006

Heute Abend bin ich wieder an einem Dorf vorbeigekommen. Breite Wege aus Stein führen zu den Häusern, in denen die Menschen leben. Aber es war noch ziemlich hell und ich habe mich nicht in den Ort hineingewagt. Obwohl mich der ein oder andere Geruch doch gereizt hätte. Am Fluss habe ich dann ein ruhiges Plätzchen gefunden, von dem aus ich auf die wunderschönen Berge schauen konnte. Das hat mich wieder an Zuhause erinnert. In unserem Park gab es auch so hohe Berge mit tollen Wasserfällen. Beim Weiterlaufen habe ich ein paar Fischreste am Ufer gefunden. Keine Ahnung, wie die da hingekommen sind. Waren jedenfalls sehr lecker!

Dienstag, 16. Mai
Häselgehr / Lechtal

Bär im Scheinwerferlicht

Der Bär wird nachts um halb elf in der Nähe eines abgelegenen Hofes beobachtet. Er schaltet durch einen Bewegungsmelder das Hoflicht ein und kann so vom Bauern genau beobachtet werden. Als das Tier sich dem Wachsschmelzer neben einem Bienenstand nähert, vertreibt der Bauer das Tier und rammt es mit seinem Auto vom Hof. Doch der Bär lässt sich nicht vertreiben und versucht es ein zweites Mal. Als er in die Bienenhütte einbrechen will, gelingt es dem Bauern erneut, das Tier gewaltsam mit seinem Auto vom Hof zu schieben.

In derselben Nacht findet der Bär einen Wildbienen-Stock in der Nähe von Klimm und zerstört ihn.

16. Mai 2006

Heute bin ich zum ersten Mal, seit ich von zu Hause weggelaufen bin, von einem Menschen erwischt worden. Er hockte in seinem Auto und war ganz schön wütend auf mich. Mit seinem eisernen Ungetüm hat er mich einfach vom Hof geschoben. Ich muss zugeben, dass er so viel stärker war als ich. Er wollte mir partout nichts von seinem Honig abgeben. Den habe ich nämlich schon kilometerweit gerochen. Aber es war absolut nichts zu machen. Es blieb mir nichts anderes übrig, als aufzugeben. Zum Glück hat mich JJ2 nicht dabei beobachtet. Mein Brüderlein hätte sich schlapp gelacht. Was Mama wohl gesagt hätte? Na ja, noch ist kein Meister vom Himmel gefallen. Jedenfalls hat es der liebe Gott gut mit mir gemeint. Nach einem kleinen Spaziergang durch den Wald habe ich dann zufällig einen Bienenstock entdeckt, der von keinem Menschen bewacht wurde. Ätsch!

Mittwoch, 17. Mai
Martinau / bei Elmen
Süße Versuchung!

Gegen 2:30 Uhr wird Bruno der Bär dabei beobachtet, wie er an einem Bienenstand in einem Siedlungsgebiet ein Fenster eindrückt. Honig findet der Bär auch nach Aussage des Leiters des WWF-Artenschutzprogramms ganz besonders lecker. Dies ist keine Erfindung der Kinderbuchautoren, die ihre Bären gerne Honig schlecken lassen. Einer der bekanntesten ist da sicher Winnie the Puuh. Vielleicht ahnen die Tiere auch, dass Honig gesund ist. Bären wissen beispielsweise, dass es bestimmte Pflanzen gibt, die gegen Krankheiten helfen. So wurde beobachtet, dass nordamerikanische Braun- und Schwarzbären die mit dem Schierling verwandte Wurzel Ligusticum porteri kauen und schlucken. Sie wird auch von Menschen gegen bestimmte Krankheiten eingenommen.

17. Mai 2006

Wenn ich mit den Menschen trotz aller Gegensätze etwas gemein habe, dann ist es die Vorliebe für Bienenhonig. Wo immer ich diese Menschenhäuser sehe, riecht es auch nach Honig. Heute Morgen bin ich wieder an so einer Stelle vorbeigekommen. Aber leider habe ich nicht durch das schmale Fenster durchgepasst, hinter dem es so gut nach Honig geduftet hat. Honig ist sehr gesund und schmeckt wunderbar. Als ich einmal krank war, ist Mama mit mir ganz oft zu den Honignestern im Wald gegangen. Dabei ist sie einmal von den Bienen ganz schön zerstochen worden. Mitten auf die empfindliche Nase. Zum Glück war ich weit genug weg. Manche Bienen sind ganz schön angriffslustig, wenn es um ihren Honig geht. Da muss ein Bär sehr gut auf sein Näschen aufpassen. Einmal habe ich beobachtet, wie ein Mensch mit einem Fischnetz auf dem Kopf Honig geholt hat. Sah zwar merkwürdig aus, ist aber sicher ganz praktisch gegen Bienenstiche.

Donnerstag, 18. Mai

Nachtaktiv, aber respektlos

Heute wurde um 7:30 Uhr das erste Foto von Bruno geschossen. Es zeigt den Bären, wie er an einer Almhütte vorbeizieht. Da sich das Tier nicht artgerecht verhält und vor Menschen keine Scheu hat, soll er laut österreichischem Bärenexperten und Bärenwart Jörg Rauer ein bisschen erzogen werden. Mit Knallkörpern und Gummikugeln könnte man ihn vergrämen und so den nötigen Respekt und die Scheu vor Menschen einflößen. Im Prinzip ist man aber der Ansicht, dass der nachtaktive Bär keine Gefahr für die Menschen darstellt. Allerdings lässt sich immer sehr schwer voraussagen, wohin der Bär wandern wird. Es ist gut möglich, dass er in das Allgäu weiterzieht. Dann würde seit 170 Jahren zum ersten Mal wieder ein Braunbär nach Deutschland kommen. Dort fehlt es allerdings an den nötigen unbesiedelten Flächen, um dem Braunbären genügend Platz zu bieten.

18. Mai 2006

Heute keine besonderen Vorkommnisse. Ich bin in der Nacht gemütlich durch die Gegend gestreift und habe unterwegs ein paar Gräschen gezupft. Wurzeln mag ich auch gern. Die sollen ja ganz gesund sein. Leider gibt es noch keine Nüsse oder Eicheln, die kommen erst im Herbst. Mit denen kann man sich einen dicken Winterspeck anfuttern. In dieser Gegend brauche ich keine Angst vor dem Winter zu haben. Hier gibt es so viel zu futtern, dass ich garantiert gut über den Winter komme. Wenn die Zeit gekommen ist, werde ich mir ein schönes ruhiges Plätzchen suchen und nur noch faulenzen. Darauf freue ich mich schon jetzt.

Freitag, 19. Mai
Graswang / Ettal, Unterletzen; Pflach

Ein Problembär geht um

In der Nacht von Donnerstag auf Freitag wurde der Bär erneut dabei beobachtet, wie er sich einer Siedlung näherte und über einen Gartenzaun am Lechufer kletterte. Er warf dabei einen Kompostcontainer um und drückte den Zaun eines Hühnerfreigeheges ein. Dort hinterließ er eindeutige Tatzenspuren auf der Wiese vor der Brücke über dem Lech.

In derselben Nacht plündert der Bär einen Bienenstand auf den Säulingswiesen bei Pflach und wirft dabei vier Bienenstöcke und eine Wassertonne um, auf der Kratzspuren zu sehen sind.

19. Mai 2006

Gesten Nacht habe ich mir mal wieder den Bauch mit Honig voll geschlagen. Danach konnte ich kaum noch laufen und habe alles Mögliche umgeworfen. Sogar eine fette Wassertonne. Ungeschickt, wie ich nun einmal bin, ist es mir auch nicht gelungen, sie wieder aufzustellen. Mama hat schon immer gesagt, dass ich wie ein Elefant im Porzellanladen bin. Dabei kann ich wirklich ganz gut klettern. Zum Beispiel auf Bäume, da macht mir so schnell keiner was vor. Nur manchmal bin ich einfach zu faul und suche mir lieber ein Loch im Zaun oder renne ihn einfach um, wenn er nicht zu fest sitzt. Früher hatte ich Angst vor Zäunen, weil es einmal so schrecklich gekribbelt hat, als ich mit meinem Fell daran entlanggestreift bin. Aber hier gibt es solche Zäune zum Glück nicht.

Samstag, 20. Mai
Reschenberg westlich von Farchant
Bär schlägt erneut zu

Der Bär tötet nach Polizeiangaben zwei ausgewachsene Schafe und ein Lamm. Ein weiteres Lamm wird von ihm so stark verletzt, dass es notgeschlachtet werden muss. Fellreste und eindeutige Spuren weisen wieder auf den Braunbären hin, der sich in diesem Gebiet aufhält. Die Bevölkerung wird zur erhöhten Vorsicht aufgefordert, da sich der Bär immer häufiger auf der Suche nach Nahrung in die Nähe der Menschen wagt. Der WWF bietet im Internet ein Formular an, mit dem Tatzenspuren oder Losungen, die von einem Bären stammen, gemeldet werden können.

Inzwischen haben sich verschiedene Tierschützerinstitutionen eingeschaltet, die den Bären lebend einfangen wollen.

20. Mai 2006

Wo viele Menschen sind, gibt es meist auch viele Schafe. Merkwürdig, dass sich die Schafe von den Menschen einsperren lassen. Ich an ihrer Stelle würde das nicht mit mir machen lassen. Zumal so ein Zaun ja auch ganz leicht einzurennen ist, selbst für ein Schaf. Hier gibt es auch keine Hunde, die den Schafen hinterherlaufen würden, um sie wieder einzufangen. Für mich ist das natürlich ein gefundenes Fressen. Vor Hunden habe ich nämlich einen Höllenrespekt. Aber wenn keine Hunde da sind, die auf die Schafe aufpassen, dann brauche ich mich vor niemandem zu fürchten.

Sonntag, 21. Mai
Farchant

Röhrenfalle im Einsatz

Umweltminister Werner Schnappauf (CSU) genehmigte den Fangversuch mit einer Röhrenfalle. Zum ersten Mal wurde vom WWF und den Experten der Universität Freiburg eine solche Falle dort aufgestellt, wo man den Bären zuletzt gesehen hat. Sie wurde von einem Zoo zur Verfügung gestellt. Als Köder dient ein gerissenes Schaf. So hofft man, den Bären lebend fangen zu können, bevor er möglicherweise von Jägern abgeschossen wird. Es gehört zum natürlichen Verhalten des Bären, zu seiner Beute zurückzukehren, wenn er sie nicht restlos aufgefressen hat. Falls Bruno eingefangen wird, will man ihn nur kurz betäuben und mit einem Peilsender ausstatten. So könnte man den Bären gleich darauf wieder freilassen und seine Route verfolgen.

21. Mai 2006

Auf meinem nächtlichen Spaziergang habe ich die Gegend erkundet und viele schöne Plätze zum Ausruhen entdeckt. Hier gibt es tolle Wasserfälle und wunderschöne Wege, auf denen man seine Gedanken schweifen lassen kann. An den tollen Bergen ringsherum kann ich mich gar nicht satt sehen. Einer von ihnen kommt mir besonders hoch vor, der ragt bis in den Himmel. Dort habe ich auch einen großen Bären aus lauter Sternen entdeckt. Ich finde die Welt nachts viel schöner als tagsüber.

Montag, 22. Mai
Grainau / Richtung Eibsee
Der Bär treibt sein Unwesen

Gegen 1:00 Uhr dringt der Bär in einen Hühnerstall und reißt sechs Hühner und vier Brieftauben, die dort ebenfalls untergebracht waren. Auch hier zeigte er sich wenig menschenscheu, denn der Stall stand mitten im geschlossenen Siedlungsgebiet von Grainau. Der Taubenzüchter ist entsetzt über den Tod seiner wertvollen Tiere. Der Bär hat deutliche Spuren hinterlassen. Der Gartenzaun ist aufgerissen und die Hühnerfedern liegen im weiten Umkreis herum. Keine 24 Stunden später, in der Nacht zum Montag, schlug der Bär erneut zu. Zwischen Grainau und Eibsee riss er drei Schafe und verletzte ein weiteres, so dass es geschlachtet werden musste. Der Schafhalter ist erschrocken über die Brutalität des Bären, der die Schafe regelrecht zerrissen hat und ihnen anschließend nur die Eingeweide herausgezogen haben soll. Auch hier sind die Tatzenspuren auf der Wiese deutlich zu erkennen. Vorsichtshalber sollen die Schafe nun von der Weide genommen werden, falls der Bär zurückkehrt.

22. Mai 2006

Ich bin noch ganz benommen. Hätte nie gedacht, dass ich zu so etwas fähig bin. Schafe, Hühner und Tauben, wohin man schaut. Und niemand, der sie bewacht. Keine Kribbelzäune, keine Hunde und keine Zweibeiner. Die Menschen schlafen nachts, und morgens habe ich mich schon wieder aus dem Staub gemacht. Natürlich warten die darauf, dass ich noch einmal zurückkomme. Aber so dumm bin ich nicht. Solange ich mich daran halte, was mir Mama beigebracht hat, kann mir eigentlich gar nichts passieren.

Dienstag, 23. Mai
Farchant

Zum Abschuss freigegeben

Nachdem der Bär nun auch eine Gefahr für den Menschen darstellt, hat ihn Bayerns Umweltminister Werner Schnappauf (CSU) am Montag zum Abschuss freigegeben. Parallel versucht man jedoch weiterhin das Tier mit einer Bärenfalle lebend zu fangen. Allerdings soll er dann nicht mehr wie ursprünglich geplant wieder laufen gelassen, sondern in einen Wildpark gebracht werden. Schnappauf begründet seinen jetzigen Beschluss damit, dass der Bär zunächst nicht so gefährlich eingestuft wurde. Da er aber vornehmlich in menschlichen Siedlungen nach Beute sucht, kann man einen Angriff auf Menschen nicht mehr ausschließen. Dieses Fehlverhalten lässt sich nicht mehr ändern. Die Jäger haben allerdings ein Problem, da sie noch nie einen Bären geschossen haben. Sie müssen sich bei den Kollegen in Osteuropa beraten lassen. Die Tier- und Naturschutzverbände kritisieren die Abschussfreigabe heftig.

23. Mai 2006

Ich bin immer noch müde vom vielen Fressen und der ganzen Aufregung. Ich schlafe jetzt viel und träume auch oft von Mama und meinem Bruder JJ2. Manchmal wünsche ich mir, sie wären bei mir. Dann könnte ich Mama sagen, dass ich mich vor den Menschen fürchte. Ich versuche ihnen zwar aus dem Weg zu gehen, aber was ist, wenn wir uns zufällig begegnen und der Mensch nicht weglaufen kann? Kann ja sein, dass so ein Zweibeiner nachts aufwacht und in seinem engen Stall nach dem Rechten sehen will, weil er mich oder die anderen Tiere gehört hat. Gestern ging es zum Beispiel ganz schön laut zu. Der Mensch könnte aus Angst vor mir plötzlich wieder auf mich schießen. Ich will ja nicht den Teufel an die Wand malen, aber Gedanken muss ich mir schon darüber machen.

Mittwoch, 24. Mai
Thiersee
Der Papst ist für den Bären

Die Abschussfreigabe des so genannten Problembären Bruno wird sehr kontrovers diskutiert. Tier- und Naturschutzverbände sind geschlossen dagegen. Einzige Ausnahme ist dabei Georg Rauer vom World Wildlife Fund in Österreich. Selbst der Papst hat sich zum Fürsprecher des Bären gemacht. Aus dem Erzbischöflichen Ordinariat München wurde bekannt, dass der Heilige Vater, der in seinem Wappen einen Korbiniansbären trägt, Bruno ein Heimatrecht in Bayern zugesteht. Bär Bruno scheint die Gefahr zu wittern und verhält sich unauffällig. Allerdings wurde er in Thiersee in Tirol von einem Jäger gesehen.

24. Mai 2006

Heute kam ich an einem schönen See vorbei und wollte mir mal einen Fisch fangen. Aber ich habe mehr Wasser geschluckt als Fisch. Das muss ich wohl noch üben. Fischen hat mir Mama auch gar nicht beigebracht. Das war ihr bestimmt zu nervig. Mama hat es sich immer ganz einfach gemacht. Schließlich musste sie ja auch nicht nur sich, sondern auch noch mich und meinen Bruder JJ2 satt bekommen. Jetzt, wo ich für mich selbst sorgen muss, weiß ich erst, wie schwer das ist. Was Mama wohl jetzt macht … und JJ2? Hoffentlich geht es ihnen so gut wie mir hier im Schlaraffenland.
Das Schwimmen war jedenfalls mal wieder eine tolle Abwechslung. Ich bin eine richtige Wasserratte.

Donnerstag, 25. Mai

Bärige Tage erleben!
Nun hat sich auch ein Schamane für Bruno eingesetzt. Man sollte dieses heilige Tier willkommen heißen, wenn es in die Heimat zurückkehrt. Seine Rückkehr sei für die Deutschen ein Segen. Das bayerische Umweltministerium erwägt inzwischen den Einsatz von Hunden, die Bruno auf die Spur kommen sollen.
Vom ganzen Bärenrummel profitieren kurioserweise die Hoteliers nahe Garmisch-Partenkirchen. Sie verzeichnen eine starke Nachfrage und bieten den Touristen drei Übernachtungen und Frühstück unter dem Motto „Bärige Tage erleben" an. Offenbar finden es die Touristen reizvoll, auf den Spuren des Bären zu wandern.

25. Mai 2006

Hier im Gebirge trifft man nachts keine Menschenseele. Das ist sehr erholsam. Allerdings hatte ich heute zum ersten Mal so ein seltsames Gefühl. Als würde mich jemand beobachten. Aber das kann ich mir natürlich auch nur eingebildet haben. Wer soll mich denn schon hier oben beobachten? Vielleicht war es nur ein anderes Tier. Manche von ihnen haben ja noch nie einen richtigen Bären wie mich gesehen. Ich glaube, ich bin hier der einzige weit und breit. Kann mir nur recht sein. Ich bin jetzt sowieso ein Einzelgänger. Vorläufig jedenfalls noch. Wenn ich älter werde, soll sich das ja ändern. Aber darüber will ich mir heute noch nicht den Kopf zerbrechen. Dafür ist es hier viel zu schön.

Freitag, 26. Mai
Kaunzalm-Hochleger / Spiegeljoch / Fügen

Spuren im Schneee

Wanderer berichten, dass sie um die Mittagszeit auf eine Bärenfährte im Schnee gestoßen sind, und belegen dies mit Fotos, die sie an Ort und Stelle geschossen haben. Die anschließende Überprüfung bestätigt ihre Aussagen. Für die Suche nach dem Bären steht inzwischen auch ein Polizeihubschrauber mit einer Wärmebildkamera zur Verfügung. Sein Einsatz ist jedoch nur dann sinnvoll, wenn man ganz genau weiß, wo sich das Tier aufhält.

26. Mai 2006

Heute bin mächtig hoch geklettert. Oben auf dem Berg lag noch Schnee. Das war vielleicht ein Spaß! Ich habe mich gewälzt und mir den Schnee aus dem Fell geschüttelt. Mit meinem Zwillingsbruder habe ich früher oft im Schnee herumgetollt. Zu zweit macht das natürlich mehr Spaß. Aber nun bin ich ja schon fast erwachsen und muss mich an das Alleinsein gewöhnen. Wenn man durch den Schnee stapft, dann kann man seine eigenen Tapsen sehen. Natürlich auch die von anderen Tieren, die man vielleicht fangen möchte. Aber im Spurenlesen bin ich nicht besonderes gut. Das hat mir meine Mama nicht beigebracht. Ich kann kaum ein Reh von einem Hasen unterscheiden. Da verlasse ich mich lieber auf mein Näschen.

Samstag, 27. Mai
Gartalm-Niederleger / Fügen

Bär und Bienen

Am Abend wird erneut ein Schaden gemeldet, der von Bruno verursacht wurde. Es handelt sich um einen Bienenstock, den der Bär zerlegen konnte, nachdem er die Seitenwand einer Hütte aufgebrochen hatte. Die sichergestellten Tierhaare stammen eindeutig von Bruno, der im Anschluss daran auch noch an einer Futterstelle für Rehe gewesen sein muss.

Unterdessen ist ein Team deutscher und österreichischer WWF-Bären-Experten immer noch mit Fangversuchen beschäftigt. Bisher war die Röhrenfalle mit Schaffleischköder noch nicht erfolgreich.

27. Mai 2006

Bienenhonig kann ich einfach nicht widerstehen. Dafür gehe ich meilenweit und scheue auch keine Hindernisse. Heute musste ich nur eine morsche Bretterwand einschlagen, um an den süßen Honig zu kommen. Das war ein Kinderspiel. Danach habe ich mich bei Vollmond auf eine Waldlichtung gehockt und noch ein bisschen an einer Futterkrippe genascht. Leider ist kein Reh vorbeigekommen! An diesen Futterstellen treffen sich viele Tiere, die im Wald leben. Aber wenn ich dort hocke, dann lässt sich natürlich keiner blicken. Die haben viel zu viel Angst vor mir. Ich bin hier das größte und stärkste Tier, obwohl ich noch lange nicht ausgewachsen bin.

Sonntag, 28. Mai
Fügen / Schwaz
Bruno spaziert über die Autobahn

Bruno wird von einem Landwirt beschuldigt, seinen kräftigen Ziegenbock und eine Mutterziege getötet zu haben. Zudem ist ein Kitz verschwunden, und eine weitere Geiß blieb nach dem Einbruch des Bären völlig verstört im Stall zurück.

In den frühen Morgenstunden begegnet ein Bauer dem Bären auf der Straße in der Nähe des Inn. Dort wurden auch deutliche Bärenspuren gefunden. Offenbar ist es Bruno gelungen, die Inntalautobahn zu überqueren. Weitere Spuren verlieren sich jedoch im Fluss.

28. Mai 2006

Bei Ziegen muss man sich vor den Hörnern in Acht nehmen. Aber sonst sind sie nicht besonders schwer zu fangen. Danach musste ich aber ganz schnell abhauen, weil ich beim Einbrechen in den Stall bestimmt die ganze Nachbarschaft aufgeweckt habe. Ich bin über eine sehr breite Straße geflüchtet, die sich wie ein Fluss mitten durch die Landschaft schlängelt und keinen Anfang und kein Ende hat. Unglaublich, was die Menschen so alles bauen, um mit ihren Autos herumzufahren. Zum Glück war kaum ein Auto unterwegs. Sonst wäre das lebensgefährlich gewesen. Am Fluss habe ich erst einmal meinen Bärendurst gestillt und das Fell sauber geleckt. Jetzt glänzt es wieder.

Montag, 29. Mai
Achenkirch

Taxi, nein danke!

Ein Taxifahrer sieht den Bären gegen 2:30 Uhr in der Nähe des Achensees. Er trottet im gemächlichen Tempo, so dass der Fahrer ihn eine Zeit lang beobachten kann, bevor der Bär dann hinter einer Böschung vor der Lawinengalerie verschwindet. Die Gefahr, dass sich nun auch Privatpersonen auf die Suche nach dem Bären machen, steigt von Tag zu Tag. Allein in Bayern gibt es 40.000 Hobbyjäger. Heute steht der Bär unter Artenschutz. Im Mittelalter wurde er so gut wie ausgerottet, weil sich die Menschen vor ihm fürchteten oder weil er als Jagdtrophäe sehr begehrt war.

29. Mai 2006

Ich kann mich ja irren. Aber heute ist ein Autofahrer so aufdringlich neben mir hergefahren, als wollte er mich auf eine Spazierfahrt einladen. Aber in so ein Blechding kriegen mich keine zehn Pferde. Ich bin dann einfach abgehauen. Soll der sich doch jemand anderen suchen, der bei ihm einsteigt. Ich jedenfalls nicht! Auf der Erde und im Wasser, da fühle ich mich wohl. Ab und zu klettere ich auch mal auf einen Baum. Aber ans Autofahren könnte ich mich bestimmt nie gewöhnen. Menschen sind da ganz anders. Neulich ist sogar einer über mich hinweggeflogen. Der saß auch in so einer engen Kiste.

Dienstag, 30. Mai
Achenkirch
Falscher Verdacht!

Ein Revierleiter entdeckt in Ortsnähe einen toten Rehbock. Da das Tier in der Nähe der Straße liegt, könnte es sich auch um einen Verkehrsunfall gehandelt haben. Das Tier wies auch Bissspuren auf, die nachträglich vom Bären stammen könnten. Normalerweise zählen so große Tiere nicht zur Beute der Europäischen Braunbären. Sie begnügen sich eher mit kleinen Tieren wie Eichhörnchen, Wühlmäusen oder Murmeltieren. Aber da der Bär auch ein Aasfresser ist, können die Bissspuren am toten Rehbock tatsächlich von ihm stammen.

30. Mai 2006

Heute lag ein toter Rehbock gleich neben der Straße. Ich könnte mir vorstellen, dass eines dieser Autos das Tier überfahren hat. Ich habe ja auch schon die Erfahrung gemacht, dass man sich vor diesen schnellen Blechkisten in Acht nehmen muss. Jedenfalls habe ich ihn mit meiner feinen Nase schon von weitem gewittert. An so ein großes Tier würde ich mich niemals heranwagen. Das kann sich bestimmt gut wehren und sehr schnell laufen. Da gibt es leichtere Beute.

Mittwoch, 31. Mai

Bär stammt aus Problemfamilie

Die genetische Analyse hat ergeben, dass Bruno ebenso wie JJ2, für den man ihn zunächst hielt, aus dem Trentino stammt. Er handelt sich vielmehr um den Zwillingsbruder von JJ2, der nach den Namen der Eltern Jurka und Joze und der Anzahl der Jungen JJ1 genannt wurde. Damit steht fest, dass dieser Bär aus einer so genannten Problemfamilie stammt. Seine Mutter Jurka hat ihm frühzeitig beigebracht, dass er in der Nähe von menschlichen Siedlungen bequem an Beute kommen kann. Selbst Vergrämungsversuche haben bei ihr fehlgeschlagen. Sie führten nur dazu, dass sie sich an einem einmal aufgesuchten Ort kein zweites Mal blicken lässt. Dieses Verhalten haben ihre Jungen von ihr gelernt und übernommen. JJ1 wird also voraussichtlich nicht zweimal am gleichen Ort auftauchen, nur um dort die Reste seiner Beute zu fressen. Das führt leider auch dazu, dass die Röhrenfalle nicht funktionieren kann.

31. Mai 2006

Hier gibt es fast die gleichen Tiere wie bei uns daheim im Adamello-Brenta-Naturpark. Allerdings sind sie auch genauso schnell und schlau. Die Gämsen springen wie die Weltmeister und die Eichhörnchen flüchten sich blitzschnell auf die Bäume. Ich könnte ihnen ja nachklettern. Aber die dünnen Äste, auf die sie dann springen, würden unter mir zusammenbrechen. Hier ein Tier zu fangen, ist ganz schön schwierig. Wenn ich im Wald bin, dann begnüge ich mich lieber mit Pflanzen, die nicht vor mir weglaufen können. Es soll Tiere geben, die ihr ganzes Leben lang nichts anderes als Grünzeug futtern. Das ist ganz schön bequem, aber nichts für mich.

Freilassung des Braunbären Joze (Vater von JJ1) in Italien
© *Parco Adamello Brenta*

Freilassung des Braunbären Jurka (Mutter von JJ1) in Italien
© *WWF*

Erstes Amateurfoto von Bruno © ddp

Braunbär in den französischen Pyrenäen,
© *Jean-Noel Lafargue, 2005*

oben: Braunbären spielen im Wasser (Zoo-Salzburg)
unten: Bär steigt aus dem Wasser (Zoo-Salzburg)

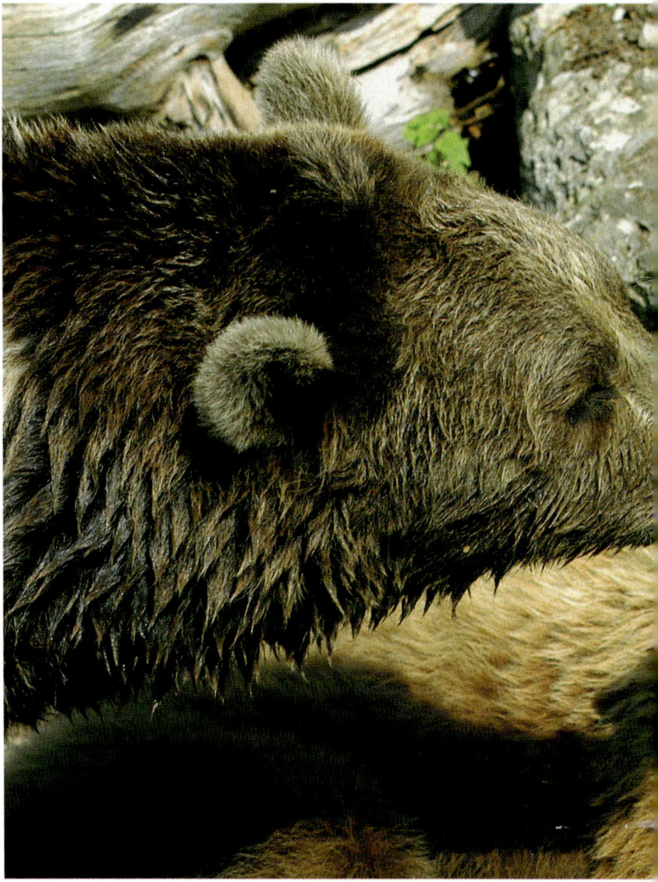

Bärenkuss (Zoo-Salzburg)

oben: Die Bärenfalle wird präpariert © WWF, Anton Vorauer
unten: Bruno, einen Tag vor seinem Abschuss © ddp

Donnerstag, 1. Juni

Elchhunde sollen Bären aufspüren

Nun sollen finnische Elchhunde eingesetzt werden, um dem Bären auf die Spur zu kommen. Auch Bayern will das Tier lieber lebend fangen und es nur noch im Notfall erschießen. Nachdem festgestellt wurde, dass Bruno aus dem Trentino stammt, haben sich auch die Italiener eingeschaltet. Da JJ1 am 10. März 2004 im Adamello-Brenta-Park in Südtirol geboren wurde, wollen sie das Tier einfangen, narkotisieren und in den Park zurückbringen. Allerdings ist es durchaus normal für einen jungen Bären, dass er sich auf die Wanderschaft macht. Daher ist es fraglich, ob JJ1 danach nicht erneut auf Reisen geht. Spätestens dann, wenn er sich paaren will.

1. Juni 2006

Heute Nacht haben sich alle Berge im See gespiegelt, das fand ich besonders schön. So eine sternenklare Nacht ist richtig romantisch. Wenn ich einmal erwachsen bin, dann werde ich meine auserwählte Bärin bei Vollmond an einen schönen See führen, in dem sich so wie hier die Berge spiegeln. Aber damit kann ich mir noch ein paar Jahre Zeit lassen, hat Mama gesagt. Außerdem gibt es hier sowieso keine anderen Bären außer mir. Jedenfalls habe ich noch keinen gesehen oder gerochen.

Freitag, 2. Juni

Tot oder lebendig?
Österreich widerruft die Abschussgenehmigung auf den Bären Bruno. Der Bär soll nun durch die Suchhunde oder die aufgestellte Falle lebend gefangen werden. Allerdings gilt das Einfangen des Bären nach Aussage der Umweltorganisation WWF als sehr schwierig. Normalerweise halten sich Bären in einem begrenzten Gebiet auf. Tiere ohne Streifgebiet legen jedoch bis zu 25 Kilometer täglich zurück, dabei überqueren sie auch breite Flüsse und sogar Autobahnen.

2. Juni 2006

Das mit der Bärin habe ich mir heute noch mal genau durch den Kopf gehen lassen. Wenn es hier wirklich keine Bärinnen gibt, dann muss ich ja in ein paar Jahren wieder weiterwandern. Schließlich will ich eine Familie gründen und Nachwuchs haben. Mama hat gesagt, dass ich mich mit vier Jahren schon auf die Suche nach einer Bärendame machen kann. Natürlich soll sie genauso hübsch sein wie Mama. Und dann können wir alle zwei Jahre neue Bärenkinder bekommen. Mit der Erziehung will ich allerdings nichts zu tun haben. Das ist Bärinnensache und ganz schön anstrengend. JJ2 und ich haben es Mama nicht immer leicht gemacht.

Samstag, 3. Juni
Klais

Abschussbefehl gecancelt!

Die Tiroler Landesregierung hat den Abschussbefehl für den Problembären Bruno zurückgenommen. Nur in Bayern bleibt der Bär weiterhin vom Abschuss bedroht, wie der Sprecher des bayerischen Umweltministeriums, Roland Eichhorn, bestätigt. Tierschutzorganisationen sind nach wie vor bemüht, den Bären lebend zu fangen und ihn dann möglicherweise im Wildpark Poing bei München unterzubringen. Inzwischen hat sich die Kunde vom Bären im deutsch-österreichischen Grenzgebiet in der ganzen Welt verbreitet. Zeitungen aus aller Welt berichten über JJ1, der sich einfach nicht einfangen lässt. Wenig Verständnis für die Probleme mit dem listigen Einzelkämpfer zeigen da die Menschen in Moskau.

3. Juni 2006

Es gibt nicht Schöneres, als frei wie ein Vogel durch die Wälder zu streifen und es sich gut gehen zu lassen. Hier gibt es alles in Hülle und Fülle, was ein Bärenherz begehrt. Ich kann laufen, so weit mich meine Tatzen tragen, und wenn ich müde bin, dann schlafe ich wie ein Murmeltier. Wenn mich nicht gerade eine ohrenbetäubende Motorsäge weckt, weil die Menschen unbedingt in meiner Nähe ein paar Bäume absägen müssen. Das ist natürlich ganz schön nervig und ich muss dann sehen, dass ich unbemerkt verschwinde und mir ganz weit weg ein neues Versteck suche. Wahrscheinlich sägen die Menschen die Bäume ab, um damit die Zäune für ihre Tiere zu bauen.

Pfingstsonntag, 4. Juni
Klais

Bär im Urlaubsparadies

In der Nacht zum Sonntag reißt der Bär erneut drei Schafe auf einer Weide bei Klais im Landkreis Garmisch-Partenkirchen. Die Tierkadaver wurden am Sonntagmorgen von einem Busfahrer auf einer Wiese nahe der Bundesstraße B2 entdeckt. Vier weitere Schafe wurden von Bruno verletzt. In der Nacht zum Montag schlägt der Bär noch einmal vier Kilometer weiter zu. Dieses Mal reißt er bei Mittenwald drei Schafe. Zwei Widder wurden von ihm über 500 Meter verfolgt und bei einem See getötet. Dabei kam er wieder in die Nähe von Menschen, da es sich hier um ein beliebtes Urlaubsgebiet rund ums Wettersteingebirge mit zahlreichen Ferienpensionen und Wanderwegen handelt. Als Beweis dafür wurden auch Bärentatzenspuren sowie Bärenhaare am Stacheldraht gefunden.

4. Juni 2006

Heute hat es mich wieder überkommen. Als ich die Schafe auf der Weide sah, konnte ich nicht an mich halten. Eigentlich bin ich gar nicht so ein Vielfraß. Mir reicht immer schon ein kleiner Happen zum Sattwerden. Ich weiß auch nicht, was da so in mir vorgeht. Vielleicht ist es der Instinkt, der soll ja angeboren sein. Wenn ich im Wald ein Tier sehe und hungrig bin, dann laufe ich ihm auch so lange hinterher, bis ich es bekomme. Hier stehen aber immer ganz viele Tiere auf den Wiesen und in den Ställen, die gar nicht vor mir weglaufen können, weil sie eingesperrt sind.

Pfingstmontag, 5. Juni
Lautersee bei Mittenwald
Hundesuchtrupp wartet auf Genehmigung

JJ1 ist am Pfingstwochenende nach Bayern zurückgekehrt und hat sein Unwesen im beliebten Urlaubsgebiet rund ums Wettersteingebirge getrieben. Nun ist Roland Eichhorn, Sprecher des bayerischen Umweltministeriums, davon überzeugt, dass das Tier gefangen und erlegt werden muss. Ende der Woche soll sich ein finnisches Bärensuchteam auf die Jagd nach dem gefährlichen Tier begeben.

Für die finnischen Bärenexperten müssen noch rechtliche Details geklärt werden, bevor sie eingesetzt werden können. Ihre Karelischen Bärenhunde sind auf das Aufspüren von Bären spezialisiert. Sie stammen aus der russisch-finnischen Grenzregion Karelien, sind ca. 60 Zentimeter groß und sehr robust. Gleichzeitig hat der WWF eine neue Röhrenfalle von einem Spezialisten aus den USA einfliegen lassen.

5. Juni 2006

Also Heimat hin, Heimat her, hier gefällt er mir fast genauso gut wie daheim. Ich habe ja auch Sinn für die Natur. Hier gibt es einen tollen See, in dem man herrlich schwimmen kann. Der Blick auf die Berge ist bei Sonnenuntergang und Sonnenaufgang umwerfend. Allerdings gibt es hier sehr viele Wege, die durch den Wald führen, und tagsüber wimmelt es dort von Menschen. Zum Glück machen die keinen großen Lärm, so dass ich ungestört schlafen kann. Merkwürdig finde ich die komischen Räder, auf denen die Menschen manchmal über die Waldwege hoppeln. Damit sind sie natürlich viel schneller als auf ihren zwei Beinen. Oder die mit den leisen Schuhen, die durch den Wald laufen. Die hört man nur, wenn sie mal auf einen Ast treten. Zum Glück habe ich eine feine Nase.

Dienstag, 6. Juni
Leutasch

Bär und Hase

In der Nacht zum Dienstag plünderte Bruno einen Hasenstall im österreichischen Leutasch. Zwei Hasen fielen ihm zum Opfer. Diesmal befand sich der Hasenstall direkt neben einem Schlafzimmerfenster. Zuvor war der Bär gegen 3 Uhr früh von Jugendlichen auf der Straße von Scharnitz an der deutsch-österreichischen Grenze nach Leutasch gesehen worden. Der Sprecher des bayerischen Umweltministeriums, Roland Eichhorn, ist davon überzeugt, dass sich das Verhalten des Bären nicht mehr verändern lässt. Nachdem der Bär mehrmals leichte Beute in der Nähe der Menschen gefunden hat, wird er nicht mehr zur artgerechten Jagd in den Wald zurückkehren.

6. Juni 2006

Auch die Hasen werden von den Menschen in einen winzigen Stall gesperrt. Für mich mal wieder ein gefundenes Fressen. Einen Stall aufzubrechen, ist natürlich viele leichter, als einem Hasen hinterherzulaufen. Die sind ganz schön schnell und können blitzschnell einen Haken schlagen. Wenn ich mir allerdings vorstelle, dass man mich in einen kleinen Käfig einsperrt, wird mir ganz anders. Ich würde natürlich versuchen auszubrechen und Kleinholz aus den Brettern machen. Ein Glück, dass ich so stark bin. Allerdings hat mir Mama erzählt, dass sie auch mal eingesperrt wurde. Da waren die Wände und Gitterstäbe aber so hart, dass selbst sie die nicht aufbrechen konnte. Zum Glück haben sie Mama aber nach ein paar Stunden wieder freigelassen.

Mittwoch, 7. Juni
Nördlich Zirl bei Seefeld / Solsteingebiet
Die Wunderfalle aus Amerika

Am Mittwochabend wurde JJ1 oberhalb von Zirl bei Innsbruck an einer Skihütte gesehen. Offenbar hatte der Bär versucht, in ein Nebengebäude einzudringen. Als der Wirt und seine Freundin den verdächtigen Geräuschen nachgehen wollten, ergriff Bruno die Flucht. Am Mittwochabend ist Bruno nach Angaben des bayerischen Umweltministeriums von fünf Jägern in der Nähe des Tiroler Ortes Gießenbach gesehen worden.

Ab heute soll auch die neue Lebendfalle der Umweltstiftung WWF eingesetzt werden. Noch bevor die finnischen Jäger mit speziell geschulten Karelischen Bärenhunden auf die Pirsch gehen. Die Falle wurde von einem US-Spezialunternehmen aus den Rocky Mountains angefertigt und der Geländewagen für den Transport von Bärenmarke gesponsert. Das Logistik-Unternehmen DHL hat sich bereit erklärt, die Transportkosten zu übernehmen. Die überdimensionale Röhre aus

> Aluminium ist extrem stabil. Die Gitterstäbe an den Fenstern sind so berechnet, dass der Bär sich daran nicht die Zähne ausbeißen kann. Die Falle ist nicht nur für den Fang, sondern auch für den Transport des Tieres geeignet. Sie kann mit dem Auto oder auch mit dem Hubschrauber befördert werden. Dafür sorgen eigens angeschweißte Trag-Ösen. Ein Sender, der an der Röhre angebracht ist, alarmiert den WWF, sobald der Bär in die Falle getappt ist. Der Verschluss kann nur vom WWF geöffnet werden.

7. Juni 2006

Heute habe ich einen Ruhetag eingelegt. Wenn man dauernd was zu fressen vorgesetzt bekommt, dann kann man auch mal einen Fastentag verkraften. Ein bisschen Erholung wird mir gut tun. Schließlich bin ich, seit ich meine Heimat verlassen habe, jede Nacht auf Wanderschaft und jeden Tag an einem anderen Ort. Jede Nacht musste ich mir einen anderen sicheren Schlafplatz suchen und die Gegend erkunden. In unserem Park hatte ich damals auch ein paar Lieblingsplätze, zu denen Mama, JJ2 und ich gewandert sind.

Donnerstag, 8. Juni

Kostspieliger Bär

Die ersten Kosten für die Bärenjagd werden pro Tag mit ca. 2500 Euro bekannt gegeben. Bisher habe der WWF schon 70.000 Euro für JJ1 ausgegeben. Das übersteigt bereits den Jahresetat des österreichischen Bärenschutzprogramms, das nur 88.000 Euro vorsieht. Obwohl das Interesse der Öffentlichkeit an Bruno sehr hoch ist, sind bisher kaum Spenden eingegangen, die den Etat entlasten. Inzwischen hat sich ein britisches Versicherungsunternehmen bereit erklärt, die Schäden, die durch den Bären verursacht werden, bis zu einer Höhe von 1,5 Millionen Euro zu bezahlen.

8. Juni 2006

Was sieht wie ein großer, hohler, umgekippter Baum aus, hat aber keine braune Rinde aus Holz? Dabei glänzt es und spiegelt in der Sonne. Ich konnte kaum hinsehen, so grell war das Teil, dessen Namen ich nicht kenne. Außerdem hat es auch noch lecker gerochen. Als ich vorsichtig dagegen geklopft habe, hallte es ganz blechern und das Kratzgeräusch meiner Krallen hörte sich einfach schrecklich an. Zum Davonlaufen! Das habe ich dann auch getan! Wozu die Menschen wohl dieses Ungetüm brauchen?

Freitag, 9. Juni

Rohe Sitten

Spaziergänger wollen in der Nähe von Innsbruck gesehen haben, wie der Braunbär einem Wildhasen den Kopf abgebissen hat. Bruno scheint einen ungewöhnlich großen Appetit auf Fleisch zu haben. Normalerweise besteht seine Nahrung zu 80 Prozent aus Pflanzen und Früchten. Obwohl Bruno inzwischen so viele Haustiere getötet hat, sind 69 Prozent der Deutschen dafür, dass er lebend gefangen wird. Dies hat eine am Donnerstag veröffentlichte n-tv-Umfrage ergeben. 19 Prozent verlangten, den Braunbären ganz in Ruhe zu lassen, und nur 12 Prozent der insgesamt 1000 Befragten waren dafür, JJ1 zu töten.

9. Juni 2006

Jetzt weiß ich auch, warum die Menschen die Hasen in einen Stall einsperren. Dort werden sie viel fetter. Der Wildhase, den ich heute auf einer Wiese fangen konnte, war viel dünner als neulich die Hasen aus dem Stall. Hin und wieder gelingt es mir ganz gut, so ein frei laufendes Tier einzufangen. Schließlich kann ich ganz schön schnell laufen. Gegen JJ2 habe ich jedes Wettrennen gewonnen. Der war sowieso immer viel zu faul zum Laufen.

Samstag, 10. Juni
Innsbruck

Hunde machen schlapp

Am Wochenende haben die Länder Bayern und das steierische Tirol den Suchtrupp aus Finnland einfliegen lassen. Schon nach kurzer Zeit wurde jedoch deutlich, dass die Elchhunde unter den sommerliche Temperaturen leiden. Daraufhin wurde Peni, Jeppe, Jimmy und Atte erst einmal das lange graubraune Fell kurz geschoren. Derweilen plünderte Bruno nordöstlich von Innsbruck in aller Ruhe einen Kaninchenstall.

10. Juni 2006

Zum Glück macht mir die Affenhitze nicht so viel aus. Andere Tiere scheinen da ganz anders drunter zu leiden. Die hecheln wie verrückt und schwitzen unter ihrem dicken Fell. Mir macht das alles kaum was aus. Wenn es mir zu warm wird, dann springe ich ins Wasser und kühle mich ein bisschen ab. Außerdem gibt es ja auch überall Schatten, in dem man sich ausruhen kann. Mir macht dagegen eher die Kälte zu schaffen. Mama und JJ2 haben den Winter immer komplett verpennt. Ich glaube, das machen alle Bären so. Im Winter gibt es nichts zu futtern und wenn man schläft, dann hat man keinen Hunger. Ganz einfach! Allerdings muss sich der Bär im Herbst einen dicken Bauch anfressen, damit er gut durch den Winter kommt. Da fange ich doch am besten schon im Sommer damit an.

Sonntag, 11. Juni

Suchtrupp behindert

Der finnische Suchtrupp musste am Sonntag nach wenigen Stunden die Verfolgung des Bären abbrechen, weil ein Jagdpächter die Durchquerung seines Gebietes untersagt hatte. Es musste auf die Zwangszustimmung gewartet werden. Zum Team der Suchmannschaft gehört auch der für die Betäubung des Bären zuständige Wiener Professor für Wildtiermedizin und Artenschutz Chris Walzer. Ziel ist es, den Bären durch die Hunde aufzuspüren und dann zu betäuben. Die Schwierigkeit liegt darin, dass der Schütze 30 bis mindestens 70 Meter an den Bären herankommen muss, um den Betäubungspfeil sicher zu platzieren.

11. Juni 2006

Ich kann mir nicht helfen. Aber seit Tagen habe ich eine ganz merkwürdige Witterung aufgenommen. Es scheinen Hunde zu sein, die sich in meiner Nähe aufhalten. Hunde haben nichts Gutes zu bedeuten, das hat mir Mama beigebracht. Es gibt Menschen, die sich Hunde halten, um uns Bären zu verscheuchen. Hunde sind oft sehr mutig, obwohl sie nicht so kräftig sind wie ein Bär. Aber sie laufen um einen herum, kläffen und springen und lassen sich einfach nicht fangen. Das macht einen ganz verrückt und in der Zeit kommen dann die Menschen und schießen.

Montag, 12. Juni
Karwendelgebirge

Schonfrist für den Bären

Der Schießbefehl wird für zwei Wochen ausgesetzt, um dem Suchtrupp die Gelegenheit zu geben, das Tier lebend zu fangen. Der Einsatz der Hunde kostet 25.000 Euro, die sich Bayern und Tirol teilen. Für die Hatz musste eine offizielle Genehmigung erteilt werden, was die Suche unnötig verzögert hat.

Zwei Wanderer haben am Abend gegen 22 Uhr den Bären unabhängig voneinander im Ahornboden im Karwendel gesehen.

12. Juni 2006

Es ist immer noch unbeschreiblich heiß und ich habe mich in ein wirklich sehr schönes Gebirge zurückgezogen. Hier sieht es fast so aus wie daheim im Trentino. Hier leben auch viele große Tiere: Hirsche, Steinböcke, Füchse und Gämsen. Aber die zu fangen, ist fast unmöglich für einen so kleinen Bären wie mich. Mama hat mir das auch gar nicht beigebracht. Aber es gibt auch kleine Tiere und viel Grünzeug, von dem ich satt werden kann. Merkwürdig ist nur, dass ich diese Witterung von den Hunden nicht mehr loswerde. Eigentlich haben die doch hier oben gar nichts zu suchen.

Dienstag, 13. Juni
Karwendelgebirge

Spur verdunstet

Da die Suche im unwegsamen Hochgebirge nachts zu gefährlich ist, haben die finnischen Jäger und ihre Hunde erst heute Morgen um 4:30 Uhr die Verfolgung aufgenommen. Wegen der unerträglichen Hitze im Karwendelgebirge haben die Hunde jedoch nach stundenlanger Suche schlapp gemacht. Hinzu kam, dass die Erfolg versprechende frische Spur von der Sonne ausgetrocknet wurde, so dass die Hunde sie verloren. Immer dabei ist auch der österreichische Bärenanwalt Walter Wagner. Er kümmert sich um den Schutz der frei lebenden Bären in Österreich.

13. Juni 2006

Heute war ein ruhiger Tag. Keine Hunde, die meilenweit gegen den Wind zu wittern sind, und ein traumhafter Blick vom Gebirge ins Tal. Hier gefällt es mir. Wie gerne würde ich das meiner Mama zeigen. JJ2 hat ja leider keinen Sinn für die Natur, der denkt immer nur ans Futtern. Aber ich, ich schaue auch mal nach oben in den Himmel. Dort habe ich zum Beispiel gestern einen tollen Steinadler entdeckt. Von da oben muss die Aussicht einfach traumhaft sein. Wenn ich mit einem Tier auf der Erde tauschen könnte, dann würde ich das mit einem Adler tun.

Mittwoch, 14. Juni

Jäger haben kein Glück

Vom Bären fehlt jede Spur. Die Hitze bereitet dem Suchteam weiterhin große Probleme.

Auch der Versuch, den Bären mit einer Falle zu fangen, ist bislang fehlgeschlagen. Derweilen wächst die Sorge um die Menschen in der Region, die dem Bären möglicherweise begegnen könnten. Erschreckende Meldungen kamen aus Rumänien. Dort hat ein Braunbär einem Jugendlichen in den Arm gebissen. Der Junge fuhr auf seinem Fahrrad am Stadtrand von Brasov (Kronstadt), als er von dem Tier angegriffen wurde. In dieser Region kam es 2004 sogar zu einer tödlichen Begegnung zwischen Mensch und Bär. Ein Jungbär tötete einen Mann und verletzte neun weitere Menschen schwer.

14. Juni 2006

Langsam könnte ich auch mal eine Abkühlung gebrauchen. Heute Nacht werde ich absteigen und ein erfrischendes Bad nehmen. Von hier oben habe ich einen tollen See mit rauschendem Wasserfall und einer großen Brücke entdeckt. Dort gibt es bestimmt auch jede Menge Fische und ich kann mal wieder Fangen üben. Fische sind nämlich ganz lecker, und die bekommt man leider nur im Wasser. Ich will nur hoffen, dass ich keinem Menschen begegne. Tagsüber fahren sehr viele Autos über die Brücke, da hört man den Lärm bis hier oben hin. Aber nachts wird das sicher nicht so schlimm sein.

Donnerstag, 15. Juni
Sylvensteinspeicher
Bär hat einen Verkehrsunfall

Der tagelang verschwundene Bär Bruno wurde in der Nacht von Mittwoch auf Donnerstag in Oberbayern von einem Auto angefahren. Der rechte Seitenspiegel streifte den Bärenkopf. Es kann aber davon ausgegangen werden, dass das Tier nicht schwerwiegend verletzt wurde, da keine Blutspuren oder Fellfetzen am Unfallort gesichtet wurden. Es wird vermutet, dass der Bär den Sylvensteinspeicher durchschwommen hat und vom Ufer kommend die Straße überqueren wollte. Plötzlich stand er auf der Stausee-Mauer und ließ sich von dem herannahenden Auto gar nicht stören, wie der Fahrer berichtete. Nach dem Unfall verschwand der Bär hinter einer Böschung. Die müden Bärenfänger und ihre Karelischen Bärenhunde verloren auch dieses Mal die Spur, obwohl sie sich noch in der Nacht auf die Suche gemacht hatten.

Jetzt wird der Bär wegen Gefährdung des Straßenverkehrs und Unfallflucht gesucht!

15. Juni 2006

Auweia! Mit brummt ganz schön der Schädel! Heute Morgen hat mich so eine große Kiste angerempelt, mit der die Menschen über ihre steinharten Wege fahren. Die geben kein bisschen nach, wenn man mit ihnen zusammenstößt. Dabei fing der Abend so gut an. Ich bin durch den wunderbaren See mit glasklarem Wasser geschwommen und konnte mir die große Brücke von unten ansehen. Dann wollte ich mein nasses Fell trocknen und bin gemütlich über eine Mauer geschlendert. Dabei war ich so fasziniert von dem tosenden Wasserfall, dass ich nichts mehr gehört noch gesehen habe. Plötzlich kam so ein Auto auf mich zugerast, in dem ein Mensch saß. Ich konnte gerade noch zur Seite springen, sonst hätte es mich voll gerammt. So habe ich nur was am Kopf abbekommen. Jedenfalls bin ich blitzschnell abgehauen und über eine Böschung geflüchtet. Wer weiß, ob der Mensch in dem Auto sonst auch noch auf mich geschossen hätte. Denen ist alles zuzutrauen, nachdem sie offensichtlich die Scheu vor einem gefährlichen Bären wie mir verloren haben. Wenn da nur nicht diese übel riechenden Hunde wären, die mir wohl immer noch auf den Fersen sind.

Freitag, 16. Juni
Lenggries

Hunde stellen Bruno

Am Donnerstagabend gegen 21 Uhr sahen zwei Wanderer am Brauneck den Bären und verständigten die Polizei. Eine Stunde später nahmen die Jäger die Suche auf. „Peni", einer der fünf Hunde, die zur Rasse der schwedischen und norwegischen Elchhunde gehören, wurde laut Wölfl von der Leine gelassen und mittels GPS-Sender verfolgt. Der Hund stöberte Bruno gegen 1 Uhr morgens auf und stoppte ihn mit Anbellen und Umkreisen. Bei den leichten Attacken sind weder Bär noch Hund verletzt worden. Die Tiere sind so ausgebildet, dass sie den Bären aufhalten, bis der Jäger auf ihn schießen kann. „Der Bär ist genervt und abgelenkt, und wir haben die Chance, unbemerkt heranzukommen", beschrieb Wölfl die Methode. In dem unwegsamen Gelände und mitten in der Nacht konnte sich der Narkose-Experte dem Bären jedoch nicht auf die für einen Betäubungsschuss nötigen 50 Meter nähern. Es war stockdunkel und viel zu riskant. Als ein Gewitter niederging, suchte das Jagdteam in einer Hütte Zuflucht. Der Hund blieb an der Fundstelle zurück. Dort entdeckten die Jäger, als sie gegen 4:30 Uhr zurückkehrten, ein gerissenes Schaf, das der Bär schon weitgehend aufgefressen hatte.

Auf Grund eines nächtlichen Gewitters verloren die Hunde am Morgen die Fährte des Bären. Die Jagdmannschaft habe daraufhin die Suche abgebrochen. Es herrscht aber weiterhin optimistische Stimmung, da das nun feucht-schwüle Wetter für die Suchhunde optimal sei.

Im Morgengrauen des Freitags wurde Bär Bruno von einem Ehepaar entdeckt, das eine Almhütte bewirtschaftet. Die Wirtin versuchte, das 100 Kilogramm schwere Tier mit bellartigen Geräuschen zu verscheuchen. Beim Weglaufen begegnete der Bär auch noch ihrem Ehemann, der Jäger ist. Er stand an seiner Garage und vertrieb das Tier mit einem lauten Schrei.

Roland Melisch, Sprecher des WWF, vermutet, dass andere Bären Brunos Route bald folgen könnten. Die Rede ist beispielsweise von fünf Bären, die im letzten Jahr wie Bruno im Trentino geboren wurden und die klassische Bärenroute nach Norden einschlagen könnten.

16. Juni 2006

Puh, Glück gehabt! Ich bin noch ganz schön aus der Puste! Heute sind mir die Hunde, die ich schon seit Tagen wittere, dicht auf den Pelz gerückt. Aber zum Glück konnte ich ihnen in der Dunkelheit entkommen. Obwohl ich ganz schön satt war, weil ich kurz vorher ein ganzes Schaf gefressen hatte. Die Krönung war dann noch eine Begegnung mit zwei Menschen im Morgengrauen. Ich bin zufällig um eine Almhütte herumgeschlichen. Aber eine Frau hat mich gehört und das Fenster aufgerissen. Als sie mich sah, hat sie angefangen zu bellen. Na ja, bei den Menschen wundert mich langsam gar nichts mehr. Noch schlimmer war aber ihr Mann. Der stand neben seinem Auto in einem kleinen Häuschen und hat mich laut angebrüllt, obwohl ich ihm gar nichts getan hatte. Ich bin schnell weggelaufen. Wer weiß, ob er mich sonst noch mit seinem Auto überfahren hätte. Und dann auch noch diese stinkenden Hunde und diese unglaubliche Hitze! Langsam weiß ich gar nicht mehr, in welche Richtung ich tapsen soll. Was Mama wohl gerade macht? Nein … ich habe kein Heimweh!

Samstag, 17. Juni
Kochel am See

Bär spaziert durch Ort

In der Nacht zum Samstag wurde der Bär Bruno erstmals in einer Ortschaft gesichtet. Er spazierte mitten durch den oberbayerischen Ferienort Kochel am See.

Dabei zeigte er sich wenig menschenscheu. Er kam aus dem Wald und lief schnurstracks auf der Straße zum Rathaus. Ein Dorfbewohner entdeckte ihn, als er wie jeden Abend mit seinen beiden Hunden spazieren ging. Im Licht der Straßenlaterne konnte er zu mitternächtlicher Zeit den 100 Kilogramm schweren Bären gut sehen. Zum Glück hatte er zuvor die Straßenseite gewechselt, sonst wäre der Koloss direkt auf ihn zugekommen. Der Mann lief mit seinen Hunden hinter ein Haus, um sich in Sicherheit zu bringen. Da aber der Bär dasselbe vorhatte und auf der anderen Seite um das Haus herumschlich, begegneten sich die vier erneut. Zum Glück in einem Abstand von ca. 70 Metern. Auch ein Feriengast traute seinen Augen kaum, als er nach Mitternacht rauchend auf seinem Balkon im zentral gelegenen Gasthof „Zum Giggerer" stand und den Bären direkt vor der Polizeistation hocken sah. Er konnte ihm direkt in die Augen schauen und alarmierte dann durch laute Schreie „Der Bär! Der Bär!" die Menschen im Dorf.

So aufgescheucht, plünderte Bruno auf dem Rückzug noch einen Bienenstock und brach einen Kaninchenstall auf, aus dem er ein Kaninchen und ein Meerschweinchen tötete, aber nicht fraß. Ein starker Platzregen verwischte anschließend die Bärenspuren, so dass die Hunde wieder keine Chance hatten. Die Hundebesitzer erklärten, dass ihre Spürhunde leider zurzeit nicht so gut durchtrainiert seien, da bei ihnen im Sommer keine Jagdsaison sei.

Am späten Samstagabend soll Bruno auf einer Alm bei Achenkirch im Bezirk Schwaz herumgestreunt sein. Dort habe er einen Weidezaun beschädigt, worauf die erschreckten Kühe brüllend davonliefen. Als die Almpächterin durch den Lärm aufgeschreckt nachschauen wollte, war Bruno schon wieder verschwunden.

17. Juni 2006

Heute habe ich von Mama geträumt! Sie hat mir im Traum gesagt, dass man sich als kleiner Bär nicht alles von den Menschen gefallen lassen darf. Darum habe ich beschlossen, heute in aller Frühe bei der Polizei Strafanzeige gegen unbekannt zu stellen. Ich bin schließlich kein Freiwild, das man so einfach anfahren darf. Jedenfalls habe ich mich nachts in so ein Dorf gewagt. Als Erstes bin ich einem Menschen mit zwei Hunden begegnet. Der war aber ganz unfreundlich und hat sogar die Straßenseite gewechselt, als er mich gesehen hat. Auf die Hunde habe ich mächtig Eindruck gemacht. Die haben vor lauter Angst den Schwanz eingekniffen und sich mit ihrem Menschen hinter einem Haus versteckt. Das kommt davon, wenn man sich an die Leine legen lässt, hat Mama schon immer gesagt. Ich bin dann von der anderen Seite um das Haus herumgeschlichen, um sie noch ein bisschen zu erschrecken. Aber das war ganz harmlos! Als ich endlich die Polizeistation gefunden habe, war natürlich keiner mehr da. Feierabend! Nachts scheint hier keiner zu arbeiten. Bei mir ist das genau umgekehrt. Ich schlafe lieber tagsüber, wenn es so heiß ist. Während ich noch überlegte, was ich nun tun soll, tauchte in einem Haus auf der gegenüberliegenden Seite ein Mann auf und starrte mich vom Balkon aus an. Ich schaute ihm auch ganz mutig direkt in die Augen. Sekundenlang! Ich war geschockt! Es qualmte aus seinem Mund und seinen Nasenlöchern und dann brüllte der Mensch mich ohne einen Grund so laut an, dass ich es mit der Angst zu tun bekam und Reißaus nahm. Diese Menschen werden mir immer unheimlicher. Auf den Schrecken musste ich erst einmal einen Happen essen. Auf der Speisekarte standen diesmal Kaninchen und Meerschweinchen. Aber dann ist mir irgendwie der Appetit vergangen. Ich werde doch wohl am Ende kein Mitleid mit diesen Stalltieren haben. Zum Glück kann ich mich auf meine feine Nase verlassen. Plötzlich duftete es herrlich nach Honig. Der Bienenstock, den ich dann entdeckte, hat mich mit den Menschen wieder ein wenig versöhnt. Wer Bienenhonig mag, der kann nicht böse sein! Schade, dass es dann so kräftig zu regnen anfing, sonst hätte ich mich noch ein bisschen länger im Dorf umgesehen. Aber dann kam auch wieder der Geruch von diesen merkwürdigen Hunden näher, der mich schon seit Tagen verfolgt.

Heute Abend war ich mal ganz mutig. Aber nur, weil ich so hungrig war. Auf der Weide standen dicke fette Kühe und mir lief schon das Wasser im Maul zusammen. Normalerweise traue ich mich ja nicht an so große Tiere heran. Aber die hatten gar keine Hörner auf dem Kopf und sahen ganz ungefährlich aus. Nur ein winziger Holzzaun trennte mich von ihnen. Den habe ich einfach umgerannt. Doch das muss die Kühe so erschreckt haben, dass sie fürchterlich rumgebrüllt haben und wie eine Horde wild gewordener Stiere davongelaufen sind. Ich hätte nie gedacht, dass sie so schnell laufen können.

Sonntag, 18. Juni
München / Kochel am See

Superhund im Einsatz

Das finnische Suchteam wurde durch einen fünften Bärenjäger verstärkt, der den besten finnischen Bärensuchhund besitzt. Raiku hat angeblich die erfolgreichste Spürnase von allen Hunden. Seitdem er im Einsatz ist, hat der Superhund schon 55 Bären, 20 Wildschweine und zwei Luchse gestellt. Manchmal gelingt es ihm sogar, nach nur einer Stunde den Bären aufzuspüren. Um möglichst schnell einsatzbereit zu sein, will das Suchteam nachts im Auto schlafen.

18. Juni 2006

Irgendwie habe ich ein ganz ungutes Gefühl in der Magengegend. Das kommt nicht nur vom Hunger. Diese Hunde scheinen sich wirklich an meine Fersen zu heften. Ich werde den Geruch von ihnen einfach nicht los. Nachts laufe ich jetzt viel durchs Wasser. Mama hat mir beigebracht, dass man so am besten seine Spuren verwischt. Tagsüber muss ich höllisch aufpassen, wo ich mich ausruhe. Diese Hunde scheinen eher am Tag unterwegs zu sein. Jedenfalls bin ich schon ein paar Mal von Hundegebell wach geworden. Viele Menschen laufen ja nur zum Spaß mit ihren Hunden durch den Wald. Vor denen brauche ich mich nicht zu fürchten. Aber es gibt wohl auch andere.

Montag, 19. Juni
Wildbad Kreuth

Problembär mutiert zum Risikobären

Die finnischen Bärenjäger und ihre Hunde haben ihre Suche nach dem Bären wieder aufgenommen, nachdem der Problembär gegen 7 Uhr in Wildbad Kreuth nahe dem Tegernsee gesichtet wurde. In der Nacht riss JJ1 zwei Schafe, verletzte drei weitere und brach zwei Bienenstöcke auf. Er hat inzwischen offenbar alle Scheu verloren. Man kann nicht vorhersagen, wie er reagiert, wenn er sich von einem Menschen in die Enge gedrängt fühlt. Für das Aufspüren des Braunbären gibt es auch einen neuen Vorschlag. Ein Tiertrainer aus Hannover will Bruno mit Hilfe seiner brunftigen Bärin Nora anlocken. Der Braunbär würde seiner Meinung nach die Witterung sofort aufnehmen, wenn er Nora im Grenzgebiet zwischen Bayern und Tirol umherstreifen ließe. Experten halten diesen Vorschlag für unsinnig, da JJ1 noch nicht geschlechtsreif ist. Braunbären werden das erst mit vier Jahren.

19. Juni 2006

Die ganze Nacht war ich auf der Jagd und wieder sehr erfolgreich. Das habe ich meiner Mama zu verdanken, die mir alles beigebracht hat. So könnte es immer weitergehen. Eigentlich merkwürdig, dass die Menschen den gleichen Geschmack haben wie ich. Schafe, Hühner, Hasen und Bienenhonig findet man fast immer in ihrer Nähe. Neulich bin ich auch an einem Gemüsegarten vorbeigekommen. Selbst Grünfutter scheinen die Menschen sich ganz in ihrer Nähe anzupflanzen. Das Einzige, was mich stört, ist der Geruch der Hunde, der mir einfach nicht aus der Nase geht. Zum Glück bin ich immer schneller als sie. Mich kriegen sie nie! Falls sie das überhaupt vorhaben.

Dienstag, 20. Juni
Kreuth
Schlaubär entwischt

Nach einem kurzen Besuch in der Ferienregion um den Tegernsee ist Braunbär Bruno wieder verschwunden. Vermutlich befindet er sich auf dem Weg ins österreichische Bundesland Tirol. Der Bärenbeauftragte des Münchener Ministeriums, Manfred Wölfl, bestätigte, dass die Behörden im Freistaat eng mit den dortigen Fachleuten zusammenarbeiten. Leider haben die Karelischen Bärenhunde die Spur des Bären erneut verloren. Die Jagd auf den so genannten Problembären hat den WWF inzwischen über 100.000 Euro gekostet.

20. Juni 2006

Wenn mich meine feine Nase nicht täuscht, dann habe ich diese komischen Hunde abgeschüttelt. Die Luft ist wieder rein und ich habe endlich meine Ruhe. Am Anfang hatte ich ja mächtig Respekt vor diesen Hunden. Aber ich glaube, die sind gar nicht so gefährlich. Entweder ist es ihnen zu warm, zu nass, zu steil oder zu dunkel. Jedenfalls kann ich wieder in Ruhe schlafen und durch die Gegend streunen. Eigentlich haben die Hunde ein faules Leben bei den Menschen. Sie bekommen ihr Fressen vorgesetzt und brauchen nur ab und zu mal mit ihnen spazieren zu gehen. Dafür müssen sie sich aber an die Leine legen lassen. Das würde mich verrückt machen. Mama hat mal erzählt, dass sie das auch mit Bären tun. Die werden dann wirklich alle verrückt.

Mittwoch, 21. Juni
Achensee

Schlappe für Hund und Herrchen

Bruno wurde in der Nacht zum Mittwoch im Bezirk Schwaz gesichtet. Die Bewohner des Ortsteils Häusern von Haurach am südlichen Ende des Achensees berichten, dass der Bär in der Nacht zum Mittwoch genau um 0:56 Uhr mit großem Lärm an ihrem Haus vorbeigerannt sei und dabei den Lichtmelder aktiviert habe. Durch diese Hinweise ist es den finnischen Bärenfängern gelungen, Bruno dann an einer Steilwand bei Brandenberg unweit des Achensees zu stellen. Bevor der Tierarzt sein Betäubungsgewehr aber zum Einsatz bringen konnte, war Bruno bereits wieder über alle Berge. Starker Regen und Hagelschlag machten die weitere Pirsch für die Bärenfänger unmöglich. Nur Elchhund Jeppe konnte den Bären weiterhin verfolgen. Leider gilt er seither als vermisst. Zu allem Übel konnte er über die satellitengestützten GPS-Sender nicht mehr geortet werden. Die hohen Felsen werfen ein Echo, so dass die Sender nicht funktionieren.

21. Juni 2006

Seit ich diese süßen roten Beeren gefressen habe, ist mir irgendwie ganz schwindelig. Außerdem war mir danach alles ganz egal. Sollen mich die bösen Menschen doch ruhig sehen. Ich schleiche nicht mehr um ihre Häuser herum. Ich grunze und brumme vergnügt. Das Leben ist doch schön, so schön! Ein kühles Bad im See hat mir ganz gut getan. Dann bekam ich noch einmal einen Bärenhunger. Ein paar Hühner am Wegrand waren nicht zu verachten. Leichte Beute ist mir immer willkommen. Warum soll ich mich plagen, wenn es auch einfach geht! Heute Morgen hatte ich allerdings einen richtigen Brummschädel und konnte gar nicht einschlafen. Andererseits war es vielleicht auch ganz gut. Plötzlich standen nämlich diese merkwürdigen Hunde vor mir. Ich konnte mich gerade noch aus dem Staub machen. Zum Glück können die nicht so gut klettern wie ich. Die Steine sind nass und plötzlich hat es auch noch gehagelt. Meinem dicken Fell macht das nicht so viel aus. Aber die Hunde konnten mir nicht folgen. Nur einer ließ sich nicht abschütteln. Allerdings tat er mir nach einer Weile ganz schön leid. Er stolperte wie ein begossener Pudel hinter mir her und jaulte jämmerlich.

Donnerstag, 22. Juni
Kufstein

Hund geht verloren

Finnische Bärenjäger sind Bruno wieder auf den Fersen. Gegen 8 Uhr wurde der Bär im Tiroler Bezirk Kufstein von Wanderern gesichtet. Allerdings verlieren sie am Nachmittag erneut die Spur. Die Tiere hätten teils in 50 Grad steilem und von Geröll übersätem Gebiet die Spur des Bären gesucht. Der Bär habe sich im Vergleich mit den Hunden als sehr geländegängig erwiesen. Ein Schneefeld, für das ein Wanderer zweieinhalb Stunden brauche, habe der Bär, von seinen Verfolgern per Fernrohr beobachtet, in einer halben Stunde überquert. Die Hunde sind allerdings nicht in Höchstform, wie schon berichtet wurde.

*

Glücklicherweise fand ein anderer Teil der Suchmannschaft den bei der gestrigen Verfolgung verloren gegangenen Hund Jeppe unverletzt wieder. Der Hund hat den Bären wahrscheinlich die ganze Nacht hindurch ganz alleine verfolgt. Bereits am kommenden Montag könnte die Suche der Hunde und ihrer Besitzer eingestellt werden. Dann

> tritt in Bayern wieder die allgemeine Abschussgenehmigung in Kraft. Auch in Tirol soll am kommenden Montag neu über die Zukunft des Bären diskutiert werden. Ziel werde es aber weiter bleiben, den Problembären zu narkotisieren und in ein sicheres Wildgehege zu bringen.

22. Juni 2006

Heute Nacht habe ich das Gejaule einfach nicht mehr ausgehalten. Schließlich bin ich stehen geblieben und habe mich kurz mit diesem anhänglichen Hund verständigt. Die Hundesprache beherrsche ich zwar nicht perfekt, aber offensichtlich hatte er sein Rudel verloren und mächtig Schiss vor mir. Dank meiner Hilfe hat er dann auch wieder zu seinen Menschen und den anderen Hunden zurückgefunden. Meine Nase ist immer noch die beste. Ich will nur hoffen, dass er mich bei denen nicht wieder verpfeift und mich endlich in Ruhe lässt. Mama hätte mit ihm kurzen Prozess gemacht.

Freitag, 23. Juni

Suchteam am Ende

Am späten Donnerstagabend wurde der Bär in der Gegend von Thiersee in Tirol gesichtet. Das finnische Fangteam nahm sofort die Fährte des Tieres auf und stieß dabei auf einen toten Schafwidder, der Bruno offenbar zum Opfer gefallen war. Im Laufe des Tages brachen die Bärenfänger und ihre finnischen Hunde die Suche jedoch ab, um sich zu erholen. Das schwüle Wetter, Gewitterschauer und das felsige Gelände erschwerten die Arbeit für Mensch und Tier.

Ein Großteil des Suchteams ist heute bereits abgereist. Lediglich zwei Jäger und zwei Spürhunde werden ihr Glück weiterhin bis Montag versuchen.

23. Juni 2006

Es ist mir mal wieder gelungen, diese Hunde abzuschütteln, die immer noch nicht ganz aufgegeben haben. Allerdings sind es nicht mehr ganz so viele. Ich schätze, dass der von gestern die Nase voll hat und sich nicht mehr in meine Nähe traut. Die anderen werden bestimmt auch bald aufgeben. Die sind diese Hitze einfach nicht gewöhnt, und klettern können diese Hunde so gut wie gar nicht. Ich muss nur aufpassen, wenn ich wieder runtersteige, um in diesem schönen See zu baden. Am Seeufer könnten sie mich erwischen, das ist ziemlich übersichtlich.

Freitag, 24. Juni

Hunde geben auf

Das gesamte Suchteam ist wegen der erschöpften Hunde bereits komplett abgereist. Nun soll der Bär in Bayern und Tirol wieder zum Abschuss freigegeben werden. Berufsjäger und Jagdaufseher, die ihm zufällig begegnen, sollen ihn kurz und schmerzlos erlegen. Eine regelrechte Jagd soll nicht auf das Tier stattfinden. Der Tierschutzbund protestiert gegen diese Entscheidung.

*

Ein Wirt aus dem Bandenberger Tal in Tirol erzählt, wie der Bär ein Schaf gerissen und dessen Schulter verspeist hat. Anschließend soll Bruno den Kadaver auf den Parkplatz geschleift haben und einen Müllcontainer umgeworfen und nach Essbarem durchsucht haben. Später ist er in den Hühnerstall eingebrochen und hat acht Hühner gefressen.

*

Soinsee im Landkreis Miesbach
Mountainbikefahrer beobachten, wie

> Bruno durch den Soinsee schwimmt. Später entdecken ihn Wanderer beim Aufstieg ins Gebirge. Die unvorsichtigen Wanderer versuchen dem Bären zu folgen. Erst als er sich nach ihnen umdreht, kehren sie wieder um.

24. Juni 2006

Mein Speiseplan war noch nie so abwechslungsreich wie jetzt. Lammschulter ist eine wahre Delikatesse und dann auch noch ein Hühnchen, das nenne ich ein perfektes Bärenmenü. Nach einem kleinen Verdauungsschläfchen bin ich eine Runde Schwimmen gegangen. Aber dann rückten mir ein paar Menschen so dicht auf den Pelz, dass ich ganz weit hoch ins Gebirge wandern musste. Dort hatte ich dann endlich meine Ruhe. Der Haken am Schlaraffenland sind die Menschen, die mich dort nicht dulden. Dabei wäre doch hier genug für alle da. Das hat Mama schon immer gesagt, die konnte das auch nicht verstehen.

Sonntag, 25. Juni

Bruno zum Abschuss freigegeben

Umweltschützer protestieren gegen die Abschusserlaubnis für Braunbär Bruno. Sie wollen als Bären verkleidet durch die Wälder streifen. Bis zu drei Aktive würden in täuschend echten Bärenkostümen durch die bayerischen Alpen ziehen, wo Bruno vermutet wird. Dies kündigte die Jungendorganisation Bund Naturschutz (JBN) an. Die Aktion soll so lange dauern, bis Landesumweltminister Werner Schnappauf (CSU) die Abschussverfügung zurücknehme. Inzwischen läuft Bruno in der Nähe des bayerischen Spitzingsees umher und wird dabei von mehreren Menschen gesehen. Einem Motorradfahrer gelingt es sogar, ein Foto von Bruno zu schießen. Am späten Abend wird der Bär von Küchendüften einer Berghütte angelockt. Der Koch sieht ihn, als er am Küchenfenster vorbeiläuft. Nachdem er ihn durch lautes Anbrüllen vertreibt, flüchtet der Bär auf eine Nachbarwiese. Dort reißt er ein Schaf. Allerdings kommt er nicht dazu, es zu fressen. Die dort

> weidenden Kühe greifen ihn an und schlagen den Bären in die Flucht. Als der Vorfall der Polizei gemeldet wird, beauftragt die Behörde drei Jäger, die Bruno erlegen sollen.

25. Juni 2006

Es liegt was in der Luft! Damit meine ich aber nicht den wunderbaren Geruch, der heute aus einer Berghütte herausgeströmt kam. Aber als ich durch das Fenster schaute, sah ich einen Mann mit einer großen weißen Mütze auf dem Kopf, der mich dann doch abgeschreckt hat. Der hätte mir bestimmt auch nichts abgegeben. Jedenfalls hatte ich danach richtig Appetit auf einen dicken Happen. Wie es der Zufall wollte, entdeckte ich nicht weit entfernt einige Schafe, von denen ich mir eines schnappen konnte. Aber zum Fressen bin ich leider nicht gekommen. Plötzlich kamen ein paar wild gewordene Kühe auf mich zu und haben mich mit aller Macht vertrieben. Dabei hätte ich denen nach meiner letzten Erfahrung nie im Leben was angetan. Kühe sind mir doch eine Nummer zu groß. Mir blieb nicht anderes übrig, als wegzulaufen und meine Beute zurückzulassen. Die Welt ist einfach ungerecht! Vielleicht wäre ich doch besser bei Mama geblieben! Es liegt was in der Luft! Dafür habe ich eine gute Nase!

Montag, 26. Juni

Bruno erschossen

Bruno alias JJ1 ist tot. Er wurde in der Nacht von Sonntag auf Montag gegen 4:50 Uhr von einem Jäger 1500 Meter oberhalb des Spitzingsees erlegt. Der Schütze traf ihn mit der ersten Kugel aus 150 Metern Entfernung. Er soll sofort tot gewesen sein. Nach der Bekanntgabe der Erschießung des Braunbären gingen aus der Bevölkerung Morddrohungen gegen den anonym gebliebenen Schützen und Protestbriefe ein. Bayerns Umweltminister Werner Schnappauf (CSU) geriet in heftige Kritik. Gegen ihn soll ein Ermittlungsverfahren eingeleitet werden. Erste Rücktrittsforderungen wurden für den „Problemminister" laut. Man wirft ihm vor, dass er den ganzen Vorfall nicht souverän behandelt hat und der Abschussbefehl nicht verhältnismäßig war. Auch die Italiener haben schon reagiert und formal Beschwerde bei der EU eingelegt. Umweltminister Alfonso Pecoraro Scanio beschwert sich darüber, dass eine Europäische Union nicht mehr glaubwürdig ist, wenn sie einerseits zum Artenschutz in der Welt aufruft, selbst aber einen Bären erschießt.

Dienstag, 27. Juni

Bruno wird in München von Tiermedizinern des Instituts für Tierpathologie der Universität genau untersucht, um seine Identität einwandfrei festzustellen. In Lunge und Leber fanden die Ärzte je eine Kugel. Der zweite Schuss ist ein Sicherheitsschuss gewesen, um zu gewährleisten, dass das Tier wirklich tot ist. Bruno wog 110 Kilogramm und hatte 6,3 Kilogramm Fleisch im Magen. Er hatte keine Krankheiten und war gut ernährt. Bruno soll ausgestopft und später im Museum Mensch und Natur am Schloss Nymphenburg ausgestellt werden. Das Skelett bleibt als Präparat an der Universität.

An einer Umfrage im Internet über den Abschuss des Braunbären haben sich insgesamt 52.692 Menschen spontan beteiligt und wie folgt abgestimmt:

12 Prozent fanden es gut, dass Bruno abgeschossen wurde.

86 Prozent sind traurig und fanden, dass es nicht nötig gewesen wäre.

2 Prozent bekunden, dass Bruno ihnen egal sei.

Im Internet findet sich auch ein virtuelles Grab, in dem die Besucher Abschied vom Bären nehmen können. In einem Kondolenzbuch kann sich jeder eintragen und seine Gefühle niederschreiben.

Fotonachweis

*Wir danken dem Salzburger Zoo (www.salzburg-zoo.at)
für die folgenden, zur Verfügung gestellten Fotos:*

ZOO SALZBURG

*Wir danken dem WWF (www.wwf.de / www.wwf.at)
für seine Kooperation mit den folgenden uns zur Veröffentlichung
freigegebenen Fotos:*

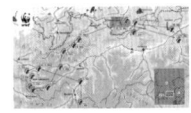

Fotos ddp:

*Public domain:
Braunbär in den französischen Pyrenäen,
© Jean-Noel Lafargue, 2005*